EDUCANDO MENINAS

PRINCÍPIOS BÍBLICOS PARA CRIAR MULHERES DE FÉ E CARÁTER

Penkal
TUDO EM LIVROS, LIVROS PARA TODOS.

EDUCANDO MENINAS

PRINCÍPIOS BÍBLICOS PARA CRIAR MULHERES DE FÉ E CARÁTER

Direção Geral
Adriel Penkal Ribeiro

Coordenador Editorial
Giovanna Felipe

Preparador
Silas Silva

Assistente Editorial
Matheus Barrera

Revisão
João Esteves

Projeto Gráfico
Hendrick Machado

Diagramação
Karim Kusunoki Muraki

Capa
Hendrick Machado

Dados Internacionais de Catalogação na Publicação (CIP)
(Câmara Brasileira do Livro, SP, Brasil)

Educando meninas : princípios bíblicos para criar mulheres de fé e caráter / Editora Penkal. -- Londrina, PR : Livrarias Família Cristã, 2024.

ISBN 978-65-277-0179-8

1. Bíblia - Ensinamentos 2. Educação cristã de crianças 3. Fé (Cristianismo) 4. Meninas - Conduta de vida 5. Mulheres - Aspectos religiosos - Cristianismo I. Editora Penkal.

24-233822 CDD-268

Índices para catálogo sistemático:

1. Educação cristã 268

Eliete Marques da Silva - Bibliotecária - CRB-8/9380

R. Antônio Sabino, 203 - Parque Industrial - Ibiporã - PR
www.livrariasfamiliacrista.com.br

Impressão: SEARON

Sumário

CAPÍTULO 8: Sexualidade e Limites.............. 93

CAPÍTULO 9: Resiliência e superação......... 105

CAPÍTULO 10: Preparando elas para o futuro ...117

INTRODUÇÃO

Olá, pai e mãe, sejam bem-vindos a um espaço onde o papel de educar meninas vai além das tarefas do dia a dia e se torna uma jornada de amor, dedicação e transformação. Criar uma menina é como cultivar um jardim: exige cuidado constante, paciência e uma boa dose de aprendizado. Mas o que você tem em mãos é algo ainda mais precioso – a oportunidade de preparar sua filha para ser uma mulher íntegra, confiante e cheia de propósito em um mundo que, muitas vezes, tenta moldá-la de maneiras confusas, superficiais e pecaminosas.

Este livro foi pensado para você, que busca maneiras práticas e profundas de entender o universo feminino em todas as suas fases, ajudando sua filha a crescer com valores sólidos, capacidade de lidar com desafios e, acima de tudo, a certeza de que ela é única e amada. Aqui, você não encontrará fórmulas mágicas ou respostas prontas, mas um convite para caminhar ao lado dela, ensinando-a com o exemplo e construindo juntos uma relação baseada em respeito, empatia e confiança.

As páginas a seguir são um guia e também uma conversa honesta. Vamos falar sobre as pressões que ela enfrenta, os desafios da adolescência, o impacto das redes sociais, a importância de construir sua identidade em Deus e muito mais. Cada capítulo é um lembrete de que você não está sozinho nessa missão e que, com amor e dedicação, é possível plantar sementes que florescerão em uma mulher forte e sábia.

Prepare-se para rir, refletir e, às vezes, se emocionar. Este é um convite para olhar para sua filha com novos olhos e redescobrir a beleza de ser uma presença marcante e transformadora na vida dela. Vamos juntos nessa jornada?

CAPÍTULO 1

ENTENDENDO O MUNDO DA SUA FILHA

Olá pais... Você já teve aquela sensação de estar tentando falar com sua filha e, ao mesmo tempo, perceber que parece estar falando em outra língua? É... a adolescência, especialmente para as meninas, é um território cheio de desafios, mudanças e, muitas vezes, desconexões. Como pais, queremos ser parte da vida delas, mas, em um mundo que muda na velocidade de um clique, é fácil se sentir deixado para trás ou, pior, não saber como se conectar. Eu sei, é frustrante. A gente quer ajudar, quer proteger, mas, às vezes, parece que quanto mais tentamos, mais complicamos.

Eu entendo como é desafiador navegar por esse período. Estamos lidando com um cenário muito diferente daquele em que crescemos. Hoje, a vida de nossas meninas não se limita ao que acontece na escola ou em casa. Existe um mundo inteiro acontecendo no celular delas, uma mistura de influências, pressões e padrões que moldam quem elas são e como se sentem. Redes sociais, comparação constante, amizades complicadas... Tudo isso se mistura em uma rotina que, muitas vezes, elas não sabem como explicar, e nós não sabemos como entender.

A boa notícia é que não precisamos ter todas as respostas para sermos os pais que elas precisam. O que elas mais querem, mesmo que não digam, é saber que estamos ali, tentando compreender o mundo delas, sem julgamentos ou discursos prontos. Mais do que soluções mágicas, elas precisam da nossa presença real, aquela que ouve, que acolhe e que tenta, mesmo quando não sabe exatamente por onde começar.

Neste capítulo, o convite é para que você se aproxime desse universo delas. Não como alguém que vai "consertar" tudo, mas como um companheiro de jornada. Vamos juntos descobrir como criar uma conexão verdadeira e entender melhor esse mundo que, por mais confuso que pareça, pode ser uma oportunidade incrível de fortalecer laços e ensinar valores que vão acompanhá-las para a vida toda.

As mudanças culturais e o impacto na adolescência

Vivemos em um mundo em constante transformação, e essas mudanças culturais têm um impacto profundo no que significa ser adolescente hoje. As gerações anteriores cresciam em um contexto mais previsível, onde valores familiares, tradições e rotinas permaneciam relativamente constantes. Agora, o cenário é outro. A cultura muda rapidamente, as tendências surgem e desaparecem, e as adolescentes estão no meio de tudo isso, tentando entender quem são e como se encaixam. Para os pais, isso pode parecer uma montanha-russa sem fim – e, na verdade, é.

O que torna essas mudanças tão desafiadoras é que elas não afetam apenas a aparência ou o comportamento superficial das meninas, mas também moldam a forma como elas pensam e sentem. A globalização trouxe consigo uma avalanche de informações e influências que chegam até elas de forma quase ininterrupta, através de redes sociais, séries, músicas e até mesmo nas interações diárias com amigos. O que antes era uma visão local do mundo agora se tornou um mosaico global, onde diferentes culturas, valores e ideologias se cruzam e competem por atenção.

Esse bombardeio cultural traz benefícios e desafios. Por um lado, suas filhas têm acesso a ideias incríveis, inspiração para explorar novos talentos e a oportunidade de se conectar com pessoas de diferentes contextos. Por outro, elas enfrentam uma pressão enorme para se adequar a padrões que nem sempre fazem sentido ou que sequer refletem seus valores pessoais. Imagine tentar ser fiel a quem você é enquanto o mundo diz que você precisa ser diferente a cada dia. Esse é o peso que muitas delas carregam silenciosamente.

Além disso, as mudanças culturais trazem consigo a quebra de muitos padrões familiares. Aquilo que era considerado normal ou aceitável há 20 anos pode parecer desatualizado, ou até problemático para essa nova geração. Isso não significa que os valores que você tenta ensinar sejam irrelevantes, mas que a forma como esses valores são apresentados precisa ser repensada. Em vez de insistir em "como era no meu tempo", o desafio está em entender como esses princípios podem ser traduzidos para um mundo que funciona de forma diferente.

Outro ponto crucial é o ritmo acelerado dessas mudanças. Tendências culturais surgem e desaparecem quase instantaneamente, criando a sensação de que você nunca consegue acompanhar o que está acontecendo. Isso pode fazer com que muitos pais desistam ou sintam que estão lutando uma batalha perdida. No entanto, é importante lembrar que, mesmo que você não entenda cada nova gíria ou referência cultural, sua presença e interesse genuíno são mais significativos do que qualquer conhecimento técnico sobre as tendências atuais.

A melhor maneira de lidar com essas mudanças culturais não é combatê-las, mas aprender a navegá-las ao lado da sua filha. Isso exige abertura para escutar o que ela pensa, curiosidade para aprender sobre as coisas que a interessam e paciência para lidar com os momentos em que as influências externas pareçam mais fortes do que as lições que você tenta ensinar. Mostre que você está disposto a caminhar com ela, mesmo que isso signifique sair da sua zona de conforto e questionar algumas das suas próprias ideias pré-concebidas.

Entender o impacto dessas mudanças culturais é o primeiro passo para ajudar sua filha a lidar com elas. Isso não significa que você precise aceitar tudo, mas que é essencial compreender o contexto em que ela está crescendo. Mais do que nunca, ela precisa de pais que estejam dispostos a ser um ponto de estabilidade em um mundo em constante transformação. Sua influência, mesmo que pareça pequena, pode ser exatamente o que ela precisa para construir um senso de identidade forte e equilibrado em meio ao caos cultural.

Redes sociais: uma segunda casa

As redes sociais deixaram de ser apenas ferramentas para interagir e compartilhar momentos; para muitos adolescentes, elas se tornaram uma espécie de "segunda casa". É lá que sua filha passa boa parte do tempo, se expressa, faz amizades, busca inspiração e, infelizmente, também enfrenta pressões e desafios que são difíceis de compreender. Enquanto para os adultos as redes sociais podem parecer algo secundário, para a nova geração, elas são um espaço tão real quanto o ambiente físico onde vivem.

Essa dinâmica cria um impacto emocional e psicológico significativo. Nas redes, sua filha encontra um mundo onde tudo parece perfeito — corpos, roupas, viagens, relacionamentos — e isso pode desencadear uma constante comparação com outros. Esse ciclo é exaustivo e, muitas vezes, invisível para quem está ao redor. As curtidas, os comentários e os seguidores deixam de ser apenas números e se tornam uma espécie de termômetro do valor pessoal. Quando esses indicadores não correspondem às expectativas, a frustração, o sentimento de inadequação e a ansiedade aparecem.

Além disso, o ambiente das redes sociais é altamente volátil. Em um momento, sua filha pode estar rindo de um meme, e no próximo, enfrentando críticas ou comentários maldosos. O cyberbullying, embora amplamente discutido, ainda é uma realidade constante, e mesmo as interações aparentemente inofensivas podem deixar marcas profundas. A pressão para manter uma presença digital ativa — publicando, curtindo, respondendo — cria uma sensação de que nunca é possível desconectar totalmente, aumentando o estresse.

Outro aspecto que precisa de atenção é o impacto das redes sociais na percepção de tempo e prioridades. Enquanto está rolando o feed ou assistindo vídeos curtos, é fácil perder a noção das horas. Atividades importantes, como estudar, passar tempo com a família ou até mesmo descansar, podem ser negligenciadas porque há sempre algo novo acontecendo no mundo digital. Essa hiperconexão contribui para um desgaste mental que muitas adolescentes não sabem como verbalizar.

Mas não se engane, as redes sociais também têm um lado positivo. Elas permitem que sua filha explore interesses, conheça pessoas com ideias semelhantes e se expresse de formas que talvez não consiga no mundo físico. Muitos adolescentes usam essas plataformas para aprender sobre temas importantes, apoiar causas ou até mesmo encontrar motivação para perseguir seus sonhos. A questão não está em demonizar o uso das redes, mas em ajudar sua filha a usá-las com sabedoria e equilíbrio.

Como pai ou mãe, é natural querer proteger sua filha das armadilhas do mundo digital, mas o segredo não está em proibir, e sim em ensinar. Ajude-a a desenvolver um olhar crítico sobre o que consome e compartilha. Pergunte sobre os influenciadores que ela segue, os conteúdos que a fazem se sentir bem ou mal, e esteja disposto a ouvir sem julgar. Mostrar interesse genuíno pelo que acontece nas redes sociais dela é uma forma poderosa de construir confiança e abrir espaço para conversas honestas.

Também é importante estabelecer limites saudáveis. Não como uma imposição autoritária, mas como um cuidado necessário. Explique por que é importante desconectar para descansar, valorizar momentos em família ou focar em tarefas importantes. Quando ela entende que esses limites são para o bem-estar dela, e não apenas uma regra arbitrária, é mais provável que os respeite.

Enfim, lembre-se de que o exemplo é fundamental. Se você passa boa parte do tempo no celular, é difícil pedir que ela faça diferente. Mostre que a vida offline é tão importante quanto a online, e incentive-a a buscar um equilíbrio que a permita aproveitar o melhor dos dois mundos. As redes sociais são uma ferramenta poderosa, mas sua filha precisa de orientação para usá-las de forma que agreguem valor à vida dela, em vez de se tornarem um peso.

A luta entre identidade e pressão social

Para uma adolescente, descobrir quem ela realmente é pode ser um dos maiores desafios da vida. Essa fase, por si só, já é cheia de mudanças – físicas, emocionais e sociais – e, somando a isso, existe a pressão constante para se adequar a padrões que nem sempre refletem o que ela realmente sente ou quer. No meio dessa confusão, muitas meninas acabam se perdendo, tentando ser aquilo que o mundo espera delas, em vez de buscar quem elas são de verdade.

A pressão social não é um conceito novo, mas o formato como ela aparece hoje é muito diferente. Antigamente, as comparações aconteciam dentro de um grupo pequeno: colegas de escola, amigos próximos, vizinhos. Hoje, com as redes sociais, essa comparação é global. Sua filha está exposta a um número infinito de "modelos de perfeição", muitas vezes irreais, mas que parecem inatingíveis. Seja o corpo perfeito, o estilo de vida dos sonhos ou a personalidade extrovertida, o mundo está sempre dizendo que ela precisa ser mais – mais bonita, mais inteligente, mais popular.

Essas influências externas têm um impacto direto na maneira como sua filha enxerga a si mesma. Muitas vezes, ela pode se sentir pressionada a esconder partes da sua personalidade que não se encaixam nesses padrões. Talvez ela prefira ler um bom livro a sair para uma festa, mas, para ser aceita, sente que precisa fingir gostar do que não gosta. Talvez ela adore um hobby que acha "esquisito" ou "fora de moda", mas o abandona para não se destacar de forma negativa. Essa desconexão entre o que ela é e o que o mundo espera pode gerar insegurança, ansiedade e, em casos mais graves, até depressão.

A luta pela identidade também está relacionada aos papéis que ela desempenha na sociedade. Muitas meninas se sentem divididas entre as expectativas tradicionais, como ser uma boa aluna, filha exemplar e alguém que segue as regras, e as expectativas modernas, que exigem que ela seja forte, independente e que "vença na vida". Esse conflito pode fazer com que ela se sinta insuficiente em todas as áreas, como se estivesse sempre falhando com alguém ou consigo mesma.

Uma das maneiras de ajudá-la nessa batalha é ensiná-la a valorizar sua singularidade. Lembre-a de que ela foi criada de forma única, com talentos, características e sonhos que a diferenciam de qualquer outra pessoa. A melhor forma de ela construir uma identidade sólida é abraçar quem ela é, com seus pontos fortes e também com suas vulnerabilidades. Mostrar que é normal não se encaixar em todos os padrões e que o valor dela não está em agradar aos outros, mas em ser fiel a si mesma, é uma lição que pode mudar a forma como ela se enxerga.

Outro ponto importante é criar um ambiente em casa onde ela se sinta segura para ser ela mesma. Isso significa acolher os interesses e as opiniões dela, mesmo que sejam diferentes das suas. Se ela sente que pode ser autêntica com você, é menos provável que busque essa validação fora de casa, onde nem sempre encontrará o apoio de que precisa. Mostre que você está disposto a ouvi-la e que está interessado no que ela tem a dizer, sem minimizar suas dúvidas ou emoções.

Também é essencial ensinar sua filha a desenvolver um senso crítico em relação às influências externas. Ajude-a a refletir sobre o que ela consome nas redes sociais, na escola e em outras áreas da vida. Pergunte como ela se sente em relação às expectativas que o mundo impõe e ajude-a a identificar quais dessas expectativas são realmente importantes e quais podem ser descartadas. Essa prática pode ajudá-la a diferenciar o que vem de fora e o que realmente faz sentido para ela.

Por fim, esteja ao lado dela nessa jornada de autodescoberta. Lembre-a de que ninguém tem todas as respostas sobre quem é ou quem deveria ser, e que isso é parte do processo de crescimento. Sua presença, apoio e palavras de encorajamento podem ser o que ela precisa para resistir à pressão social e abraçar sua verdadeira identidade. Afinal, saber quem somos não é algo que se descobre de um dia para o outro, mas um caminho que se constrói com amor, paciência e, acima de tudo, autenticidade.

O choque de gerações

Vivemos em tempos onde o contraste entre as gerações nunca foi tão evidente. Você, como pai ou mãe, cresceu em um mundo com valores e ritmos muito diferentes do que sua filha adolescente conhece hoje. As mudanças culturais e tecnológicas criaram um abismo entre o que era considerado "normal" no passado e o que é agora. Esse choque de gerações pode ser uma das maiores barreiras para a conexão entre vocês, mas também pode se transformar em uma oportunidade valiosa para aprendizado mútuo.

Para muitos pais, lidar com as diferenças de mentalidade e comportamento das adolescentes de hoje pode ser exaustivo. As gírias que você não entende, as referências culturais que parecem não fazer sentido e a forma como elas veem o mundo podem parecer desafiadoras. Além disso, o que você valoriza - trabalho duro, disciplina, respeito à autoridade - pode não ter o mesmo peso na visão dela, que está imersa em uma cultura que prioriza autenticidade, liberdade de expressão e inclusão. Isso não significa que uma visão é melhor ou pior do que a outra, mas que elas são diferentes, e entender isso é o primeiro passo para reduzir os conflitos.

O choque de gerações também se manifesta na forma como vocês percebem o mundo à sua volta. Talvez, para você, algumas tradições familiares sejam inegociáveis, enquanto sua filha as vê como ultrapassadas ou irrelevantes. Ou talvez ela questione verdades que para você sempre foram absolutas, criando desconforto ou até mesmo atritos. Esse tipo de confronto pode parecer uma afronta, mas, na realidade, muitas vezes é apenas a maneira dela de explorar e compreender o que acredita. Questionar é parte do processo de amadurecimento, e acolher esses questionamentos com paciência e abertura pode transformar momentos de conflito em conversas significativas.

Outro aspecto importante é o impacto das tecnologias. Se para você o contato presencial sempre foi a base dos relacionamentos, para sua filha, as conexões digitais são tão válidas quanto – às vezes até mais. Isso pode gerar frustrações quando você espera que ela passe mais tempo em interações "reais", enquanto ela considera que está se relacionando plenamente pelo celular. Essa diferença na forma de ver os relacionamentos e as interações sociais é uma das maiores fontes de desentendimentos entre pais e filhos atualmente.

A diferença de prioridades também é marcante. Enquanto você pode estar focado em ensinar responsabilidade, planejamento e foco no futuro, ela pode estar vivendo o momento presente, buscando alegria e expressão individual acima de tudo. Isso não significa que sua visão está errada, mas sim que ela precisa ser apresentada de uma forma que faça sentido no contexto dela. Tentar impor sua maneira de ver o mundo pode gerar resistência, enquanto buscar um equilíbrio entre orientar e respeitar pode abrir espaço para um diálogo mais produtivo.

A chave para lidar com o choque de gerações é a empatia. Tente se lembrar de como era ser adolescente, de como você enxergava o mundo na época e de como algumas coisas pareciam incompreensíveis para seus próprios pais. Colocar-se no lugar da sua filha pode ajudá-lo a enxergar suas ações e pensamentos de uma perspectiva mais compassiva. Isso não significa concordar com tudo que ela faz ou pensa, mas reconhecer que ela está crescendo em um contexto muito diferente do seu.

Também é importante reconhecer que você tem muito a ensinar, mas também muito a aprender. Sua experiência e sabedoria podem oferecer um guia valioso para sua filha, mas as novas formas de pensar e viver dela também podem enriquecer sua visão de mundo. Em vez de tentar vencer o choque de gerações, transforme-o em uma oportunidade para crescerem juntos. Pergunte sobre as coisas que ela valoriza, mostre curiosidade sobre o que é importante para ela e, ao mesmo tempo, compartilhe as lições que você aprendeu ao longo da vida.

Lembre-se, a conexão entre vocês não depende de eliminar as diferenças, mas de encontrar um terreno comum onde o respeito, a comunicação e o amor possam florescer. O choque de gerações é real e inevitável, mas também pode ser uma ponte para criar um relacionamento mais forte e significativo. Sua filha não precisa de um pai ou uma mãe que entenda tudo, mas de alguém que esteja disposto a caminhar ao lado dela, mesmo em meio às diferenças.

CAPÍTULO 2

CRIANDO CONEXÕES VERDADEIRAS

Sabe aquela sensação de que as conversas com sua filha adolescente muitas vezes parecem ficar na superfície? Perguntas como "Como foi o dia?" são respondidas com "Foi normal" e, de repente, o diálogo acaba ali. Eu sei que isso pode ser frustrante. Como pais, queremos estar mais presentes, queremos saber o que está acontecendo, mas parece que a distância cresce, mesmo quando estamos na mesma casa. E com tantos estímulos competindo pela atenção delas – redes sociais, amigos, tarefas da escola –, pode ser difícil encontrar aquele momento em que a conexão realmente acontece.

A boa notícia é que, mesmo em meio a essa aparente desconexão, sua filha precisa de você mais do que nunca. Ela pode não dizer isso abertamente, pode até parecer que prefere a companhia do celular, mas, lá no fundo, a presença e o interesse dos pais continuam sendo pilares importantes para ela. A adolescência é cheia de dúvidas, medos e conflitos internos. E, mesmo que não pareça, você ainda é uma das vozes mais influentes na vida dela.

Neste capítulo, vamos explorar como ultrapassar as barreiras que o dia a dia e a correria da rotina impõem à comunicação. Conexões verdadeiras não surgem por acaso; elas são construídas com intenção, paciência e muito amor. E acredite, pequenos gestos e conversas aparentemente simples podem ser o começo de algo muito maior. Afinal, as relações mais profundas não se formam nos grandes momentos, mas nos pequenos instantes em que escolhemos estar presentes, de verdade, para quem amamos.

Escute antes de falar

Muitas vezes, na tentativa de guiar e proteger nossas filhas, acabamos assumindo o papel de quem sempre tem algo a dizer ou ensinar. Isso não é errado – afinal, como pais, queremos compartilhar o que aprendemos e evitar que elas enfrentem problemas desnecessários. Mas, no meio desse desejo de orientar, algo essencial pode se perder: o ato de simplesmente escutar. E é aí que muitas conexões verdadeiras deixam de acontecer.

Escutar não significa apenas ouvir palavras. É prestar atenção ao tom de voz, às expressões faciais, aos silêncios e até mesmo ao que não é dito. Adolescentes, muitas vezes, não expressam seus sentimentos ou preocupações diretamente, mas deixam pistas por meio de comportamentos ou pequenos comentários. Quando você escuta com atenção, sem interromper ou julgar, cria um espaço seguro onde sua filha se sente à vontade para se abrir.

Um dos maiores desafios de escutar é resistir à vontade de dar conselhos imediatos. É natural querer oferecer soluções rápidas, mas, para sua filha, nem sempre é isso que ela precisa. Às vezes, ela só quer ser ouvida. Quando você interrompe para dar sua opinião, por mais bem-intencionada que seja, pode passar a mensagem de que o que ela está dizendo não é tão importante quanto o que você pensa. Por outro lado, quando você escuta até o final, demonstra respeito e valida o que ela sente.

Escutar antes de falar também exige paciência. Nem todas as adolescentes se abrem facilmente. Algumas podem ser mais reservadas ou levar um tempo para confiar que podem falar sem medo de críticas. Em momentos assim, é importante mostrar que você está disponível e que não vai forçar uma conversa. Um ambiente acolhedor e sem pressão é o que ajuda a construir essa confiança.

Além disso, o ato de escutar ensina muito sobre quem sua filha é. Ao prestar atenção ao que ela diz – seja sobre um filme que gostou, uma amizade que a magoou ou um sonho que deseja realizar –, você descobre os valores, os interesses e as preocupações que moldam a visão dela sobre o mundo. Essa compreensão é essencial para fortalecer o vínculo entre vocês e para que ela sinta que você a conhece de verdade.

Um erro comum que muitos pais cometem é ouvir apenas para corrigir ou ensinar. Claro, há momentos em que é necessário orientar, mas nem toda conversa precisa ter um desfecho educativo. Às vezes, o simples ato de ouvir e dizer "Eu entendo como você se sente" já é suficiente para mostrar que você está ao lado dela. Lembre-se de que, quando sua filha sente que pode falar sem medo de julgamentos, é mais provável que ela volte a procurar você nas próximas vezes que precisar desabafar.

Escutar antes de falar não significa concordar com tudo que sua filha diz. Há momentos em que será necessário discordar ou oferecer uma perspectiva diferente, mas essas respostas terão um impacto muito maior se vierem depois de um momento de verdadeira escuta. Quando ela sente que foi ouvida, está mais aberta a considerar o que você tem a dizer.

Enfim, lembre-se de que escutar é um processo contínuo. Não é algo que você faz uma vez e pronto; é uma prática diária, que exige dedicação e presença. Cada conversa, por menor que pareça, é uma oportunidade de fortalecer a conexão entre vocês. E, no fundo, é isso que sua filha mais deseja: saber que, mesmo em meio ao caos da adolescência, ela tem alguém que a escuta, compreende e está sempre ao seu lado.

Construindo confiança no dia a dia

Outro ponto importante é o respeito pela individualidade dela. Sua filha não é uma extensão de você; ela é uma pessoa única, com opiniões, sonhos e experiências próprias. Respeitar quem ela é, mesmo quando você não concorda com tudo, cria um ambiente onde ela se sente valorizada. Isso inclui dar espaço para que ela tome decisões – e até mesmo cometa erros –, sem medo de que você a critique ou diminua.

A confiança também é construída na forma como você reage aos momentos difíceis. Quando sua filha comete um erro ou enfrenta uma situação complicada, a maneira como você lida com isso pode fazer toda a diferença. Se a sua reação for dura ou baseada apenas em julgamento, ela pode se fechar e evitar buscar sua ajuda no futuro. Por outro lado, uma abordagem acolhedora e focada em entender o que aconteceu antes de corrigir pode fortalecer a relação. Mostrar que você está ali para apoiá-la, mesmo quando ela falha, é uma das formas mais poderosas de gerar confiança.

Além disso, a confiança se alimenta de momentos simples e cotidianos. Muitas vezes, não são as grandes conversas ou eventos que criam conexões profundas, mas os pequenos gestos. Perguntar como foi o dia dela e ouvir com interesse genuíno, compartilhar uma refeição sem distrações ou até mesmo assistir a um filme juntos são oportunidades para mostrar que você se importa. Esses momentos, embora pareçam triviais, têm um impacto enorme na sensação de segurança emocional dela.

Também é importante ser transparente e honesto. Às vezes, como pais, tentamos proteger nossos filhos escondendo nossos próprios erros ou inseguranças. No entanto, admitir que você também não sabe tudo ou que cometeu erros no passado pode aproximá-la de você. Isso humaniza o relacionamento e mostra que ninguém é perfeito, o que, por sua vez, a ajuda a ser mais aberta sobre suas próprias imperfeições.

Por fim, lembre-se de que confiança é uma via de mão dupla. Se você deseja que sua filha confie em você, também precisa mostrar que confia nela. Isso pode ser difícil, especialmente em uma fase da vida onde os impulsos e emoções estão à flor da pele. No entanto, dar a ela pequenas responsabilidades e acreditar na capacidade dela de lidar com desafios demonstra que você a respeita e acredita em seu potencial. Esse tipo de atitude não só constrói confiança, mas também fortalece a autoestima dela.

Construir confiança no dia a dia não é um trabalho que você verá resultados imediatos, mas é uma jornada que vale a pena. Com tempo, paciência e consistência, você estará criando um vínculo que não apenas resistirá às turbulências da adolescência, mas também se fortalecerá ao longo da vida. Sua filha precisa saber que, independentemente do que aconteça, ela sempre encontrará em você um lugar seguro.

Diálogos difíceis: falando sobre temas delicados

Ter conversas difíceis com sua filha adolescente pode ser um dos maiores desafios da paternidade. Questões como sexualidade, drogas, saúde mental e amizades tóxicas são assuntos que, muitas vezes, vêm acompanhados de desconforto tanto para os pais quanto para as filhas. No entanto, evitar esses temas ou abordá-los de maneira superficial pode criar lacunas na comunicação e afastar ainda mais vocês dois. Enfrentar esses diálogos com coragem, empatia e sabedoria é essencial para fortalecer a conexão e orientar sua filha em momentos cruciais da vida.

Um dos maiores erros ao abordar temas delicados é esperar pelo momento "perfeito" para iniciar a conversa. Na realidade, esse momento raramente existe. O ideal é criar oportunidades naturais para que o diálogo aconteça de forma leve e espontânea. Por exemplo, assistir a um filme ou série que aborda o tema pode ser um gancho para perguntar o que ela pensa sobre aquilo. Essas abordagens indiretas ajudam a aliviar a tensão e tornam o ambiente mais propício para ela se abrir.

Outro ponto fundamental é criar um espaço de escuta ativa durante essas conversas. Quando sua filha sente que pode expressar suas opiniões, dúvidas ou medos sem ser interrompida ou julgada, ela se sente mais segura para compartilhar o que realmente está pensando. Evite respostas automáticas ou reações exageradas, mesmo quando algo que ela disser te surpreender ou te preocupar. Em vez disso, mostre interesse genuíno e procure entender o ponto de vista dela antes de oferecer conselhos ou correções.

É importante também lembrar que esses diálogos não precisam ser tratados como "a grande conversa". Muitas vezes, assuntos delicados são melhor explorados em pequenos momentos, ao longo do tempo. Um bate-papo curto no carro, enquanto você a leva para a escola, ou uma conversa tranquila durante o jantar podem ser oportunidades para tocar em temas sensíveis sem sobrecarregar a interação. O segredo é manter a consistência e a abertura para que, quando ela tiver dúvidas ou preocupações, saiba que pode recorrer a você.

Além disso, tenha cuidado com o tom e a abordagem. Evite usar palavras ou expressões que possam soar acusatórias ou que pareçam minimizar os sentimentos dela. Comentários como "Você não entende nada da vida ainda" ou "Na minha época era diferente" podem encerrar o diálogo antes mesmo de começar. Em vez disso, mostre que você está disposto a ouvir e aprender junto com ela. Uma frase como "Eu sei que isso é complicado, mas quero entender melhor o que você pensa sobre isso" pode abrir portas para conversas mais honestas.

Se você não sabe como abordar um tema específico, não tenha medo de admitir isso. Dizer algo como "Esse assunto é difícil para mim, mas acho importante conversarmos sobre ele" demonstra vulnerabilidade e cria um ambiente de confiança. Lembre-se de que você não precisa ter todas as respostas, mas sua disposição em estar presente e escutar já faz uma grande diferença.

Também é essencial trazer valores e princípios para a conversa, mas de uma maneira que faça sentido para a realidade dela. Em vez de impor regras, explique por que certos comportamentos ou escolhas podem ser prejudiciais e como os valores que você ensina podem ajudá-la a tomar decisões melhores. Relacione o que você acredita com exemplos práticos e situações que ela possa encontrar no dia a dia. Isso ajuda a tornar os ensinamentos mais relevantes e aplicáveis.

Por fim, lembre-se de que essas conversas são oportunidades, não imposições. Nem sempre você conseguirá abordar tudo de uma só vez, e está tudo bem. O importante é que sua filha saiba que você está disponível, disposto a ouvir e aberto para falar sobre qualquer assunto, mesmo os mais complicados. Esses diálogos podem parecer desafiadores no início, mas, com o tempo, se tornam uma ponte para fortalecer o relacionamento e ajudar sua filha a navegar por essa fase cheia de descobertas e incertezas.

Quando a linguagem dela parece um enigma

Uma das primeiras coisas que você precisa saber é que a comunicação delas vai muito além das palavras. Gestos, expressões faciais, tom de voz e até mesmo a frequência com que elas te procuram para conversar dizem muito sobre como estão se sentindo. Um "tá tudo bem" pode, na verdade, significar que algo está incomodando, mas que elas ainda não sabem como expressar. Por isso, é importante ir além do que é dito e prestar atenção no contexto, nos comportamentos e nas mudanças de atitude que possam indicar algo mais profundo.

Outro ponto importante é que a linguagem delas está em constante mudança, impulsionada por influências culturais, redes sociais e amizades. Palavras e expressões que hoje parecem essenciais podem ser esquecidas amanhã, substituídas por novos termos que refletem as tendências do momento. Para você, isso pode parecer confuso ou até desnecessário, mas, para elas, é uma forma de se conectar com o grupo social e de construir sua identidade. Ao invés de rejeitar ou criticar essas mudanças, tente encará-las como uma oportunidade para entender melhor o mundo dela.

Ainda assim, o maior desafio não é o vocabulário, mas o significado que está por trás das palavras.

Muitas vezes, quando sua filha fala sobre um problema na escola ou um conflito com amigas, o que ela realmente está buscando não é uma solução imediata, mas alguém que escute e valide o que ela está sentindo. Ao interpretar cada palavra como um pedido de ajuda prática, você pode acabar perdendo a chance de mostrar empatia e criar um momento de conexão. Em vez disso, pergunte: "O que você acha que seria melhor fazer?" ou "Como você se sente em relação a isso?" Essas perguntas simples abrem espaço para que ela se sinta ouvida e compreendida.

Uma estratégia valiosa é estar disposto a entrar no mundo dela, mesmo que seja um território desconhecido para você. Isso não significa que você precisa aprender todas as gírias ou se tornar um especialista em memes, mas demonstrar interesse pelo que ela gosta pode ser um grande passo. Pergunte sobre aquele vídeo que ela achou engraçado, o jogo que ela está jogando ou a série que está acompanhando. Mostre curiosidade genuína, sem a intenção de julgar ou criticar. Esses pequenos gestos ajudam a construir confiança e tornam a comunicação mais natural.

Também é importante respeitar os momentos em que ela não está disposta a falar. Às vezes, o silêncio é apenas uma pausa, não um sinal de afastamento. Dar espaço para que ela processe suas emoções ou simplesmente tenha um momento para si mesma é fundamental. Forçar uma conversa em um momento inoportuno pode criar barreiras, enquanto mostrar paciência e estar disponível quando ela estiver pronta pode fortalecer o vínculo entre vocês.

Por último, lembre-se de que a comunicação com sua filha é um aprendizado constante. O que funciona hoje pode não funcionar amanhã, e tudo bem. O mais importante é manter o canal aberto, mostrando que você está presente e disposto a compreender, mesmo quando a linguagem dela parecer um quebra-cabeça. Sua dedicação em decifrar esses enigmas, por menores que pareçam, demonstra o quanto você se importa e valoriza a relação entre vocês.

CAPÍTULO 3

AUTOESTIMA EM TEMPOS DE PRESSÃO

Se tem algo que mexe com o coração de qualquer pai ou mãe, é ver sua filha questionar o próprio valor. É quase impossível não notar quando ela passa a evitar o espelho, compara-se constantemente com outras pessoas ou começa a mudar seu jeito para agradar a um padrão que nunca parece suficiente. Essas mudanças, muitas vezes sutis no início, refletem uma luta interna que está presente em praticamente todas as adolescentes: a construção da autoestima em um mundo cheio de exigências.

Hoje, a pressão é maior do que nunca. Desde as redes sociais, com seus padrões inatingíveis de beleza e sucesso, até as expectativas no ambiente escolar, tudo parece cobrar perfeição. Mas, como pais, nossa maior missão é mostrar para nossas filhas que elas não precisam se encaixar em moldes criados por outros. Precisam apenas aprender a se enxergar como realmente são: únicas, valiosas e cheias de potencial.

Neste capítulo, vamos falar sobre como podemos ajudá-las a construir uma autoestima sólida, que não dependa de curtidas ou validações externas. Afinal, ser adolescente já é difícil o bastante, e é nosso papel ajudá-las a carregar menos o peso das expectativas e mais a certeza de que são amadas e suficientes exatamente como são.

O impacto da comparação constante

Em um mundo onde a vida de todo mundo parece estar em exposição, a comparação tornou-se uma constante na rotina de adolescentes. Para sua filha, não é incomum que as redes sociais sejam uma vitrine perfeita – onde tudo parece bonito, divertido e ideal. Ali, ela vê influenciadores com corpos impecáveis, amigas que parecem sempre felizes e bem resolvidas, e até pessoas desconhecidas vivendo uma vida que parece melhor do que a dela. No meio disso, é quase inevitável que ela comece a se perguntar: *"Por que eu não sou assim também?"*

A comparação é uma armadilha sutil. No início, pode parecer algo inofensivo: ela vê um vídeo de alguém e pensa que seria bom ter o mesmo cabelo, as mesmas roupas ou a mesma vida social. Mas, aos poucos, esse hábito começa a corroer a percepção que ela tem de si mesma. Em vez de valorizar suas qualidades e suas conquistas, sua filha pode começar a focar apenas no que sente que falta ou no que acredita que nunca será capaz de alcançar.

O problema da comparação constante é que ela raramente é justa. Nas redes sociais, por exemplo, o que sua filha vê é apenas uma fração da realidade – geralmente, a parte mais bem-editada, filtrada e curada. A menina com o "corpo perfeito" provavelmente também tem inseguranças; a influenciadora com o "relacionamento ideal" pode enfrentar desafios que não aparecem nos vídeos. No entanto, quando sua filha se compara, ela faz isso olhando para essas versões idealizadas e as coloca lado a lado com sua própria realidade, criando uma sensação de inferioridade que pode ser devastadora.

Esse hábito não afeta apenas a forma como ela se vê, mas também como interage com o mundo ao seu redor. Ela pode começar a evitar situações em que sente que não estará "à altura", deixando de participar de eventos sociais, de se expressar livremente ou de explorar talentos e oportunidades por medo de não ser "boa o suficiente". Em casos mais graves, essa comparação pode contribuir para sentimentos de ansiedade e até depressão, criando um ciclo difícil de quebrar.

Como pai ou mãe, você desempenha um papel essencial em ajudá-la a lidar com essas armadilhas. Primeiro, é importante conversar abertamente sobre o que é real e o que não é. Explique que as redes sociais nem sempre refletem a vida como ela é, e que as pessoas geralmente mostram apenas o que desejam que os outros vejam. Mais do que isso, ajude-a a entender que o valor dela não está em como ela se compara aos outros, mas em quem ela é – com suas qualidades únicas e seu potencial.

Outra forma de combater a comparação é incentivá-la a se concentrar em seus próprios progressos e conquistas. Celebre cada pequena vitória dela, por mais simples que pareça. Mostre que o importante não é ser "melhor" do que alguém, mas ser melhor do que ela mesma foi ontem. Essa mentalidade de crescimento ajuda a desviar o foco das comparações externas para o que realmente importa: o desenvolvimento pessoal.

Também é fundamental que você seja um modelo positivo nesse aspecto. Se você, como pai ou mãe, constantemente se compara a outros – seja em relação ao trabalho, aparência ou conquistas – sua filha vai perceber e, possivelmente, reproduzir esse comportamento. Mostre a ela, por meio de suas atitudes, que o contentamento e a gratidão são mais valiosos do que tentar alcançar padrões irreais.

Por fim, lembre sua filha de que cada pessoa tem um caminho único e que a beleza da vida está justamente nas diferenças. Encoraje-a a descobrir o que a faz feliz, independentemente das tendências ou do que os outros estão fazendo. Quando ela aprende a valorizar sua própria jornada, em vez de se prender à de outras pessoas, começa a desenvolver uma autoestima mais sólida e menos vulnerável às pressões externas.

Ela e o espelho: o que você pode fazer

Para muitas adolescentes, o espelho se torna um reflexo não apenas da aparência, mas de como elas se sentem por dentro. O que deveria ser apenas uma ferramenta para se ver acaba se transformando em um campo de batalha interno, onde cada detalhe é analisado, cada "imperfeição" amplificada e cada comparação com padrões irreais alimentada. Para você, como pai ou mãe, pode ser doloroso assistir a esse processo sem saber exatamente como ajudar. Mas existem maneiras práticas e sensíveis de apoiar sua filha nesse relacionamento delicado com sua imagem.

Primeiro, é importante entender que a relação dela com o espelho está profundamente conectada às mensagens que ela recebe sobre beleza. Essas mensagens vêm de todos os lados: redes sociais, filmes, publicidade e até mesmo conversas casuais. O problema é que muitos desses padrões de beleza são inatingíveis, baseados em edição de imagem, maquiagem profissional e ângulos perfeitos. A luta para alcançar algo que não é real pode gerar frustração, insegurança e uma sensação de inadequação que afeta a autoestima dela.

Uma das formas mais eficazes de ajudar é mudar o foco das conversas sobre aparência. Em vez de fazer comentários sobre como ela está bonita ou bem-vestida (embora isso também tenha seu lugar), procure elogiá-la por suas qualidades que vão além do físico. Valorize sua inteligência, sua criatividade, seu senso de humor ou sua determinação. Isso ajuda a mostrar que ela é muito mais do que aquilo que vê no espelho e que seu valor não está restrito à aparência.

Outro ponto crucial é prestar atenção em como você fala sobre o próprio corpo e sobre o corpo dos outros. Muitas vezes, sem perceber, os pais acabam passando mensagens negativas sobre imagem corporal ao fazerem críticas a si mesmos ou a outras pessoas. Comentários como "Preciso emagrecer" ou "Aquela pessoa está fora de forma" podem parecer inofensivos, mas sua filha os absorve e pode começar a aplicar esses mesmos julgamentos a si mesma. Ser um exemplo de aceitação e respeito pelo próprio corpo é um dos presentes mais valiosos que você pode dar a ela.

Além disso, incentive hábitos saudáveis que não sejam baseados apenas em estética. Fale sobre alimentação equilibrada e exercícios físicos como formas de cuidar do corpo e da mente, não como uma maneira de alcançar um "corpo ideal". Mostre que cuidar de si mesma é uma forma de gratidão e amor próprio, e não uma obrigação imposta por padrões externos. Quando ela entende que a saúde é mais importante do que a aparência, pode começar a construir uma relação mais positiva com o próprio corpo.

É fundamental também criar um ambiente em casa onde ela se sinta segura para ser quem é, sem medo de críticas ou julgamentos. Se ela se sentir constantemente avaliada ou pressionada a se encaixar em um determinado padrão, isso pode reforçar suas inseguranças. Por outro lado, quando ela percebe que é aceita e amada exatamente como é, encontra mais liberdade para se aceitar também.

Nos momentos em que ela estiver especialmente crítica consigo mesma, tente ouvir antes de corrigir. Se ela disser algo como "Estou feia" ou "Odeio meu corpo", sua primeira reação pode ser negar ou corrigir, dizendo algo como "Não diga isso, você é linda!" Embora seja natural querer proteger sua filha dessas emoções negativas, é importante validar o que ela está sentindo antes de oferecer outra perspectiva. Diga algo como "Eu entendo que você se sinta assim às vezes, mas quero que saiba que vejo muito mais em você do que sua aparência." Isso abre espaço para conversas mais profundas e autênticas.

Enfim, lembre-se de que a relação da sua filha com o espelho é parte de uma jornada maior de autodescoberta e aceitação. Haverá dias em que ela se sentirá mais confiante e dias em que as inseguranças falarão mais alto, e isso é normal. O mais importante é que ela saiba que não está sozinha nesse processo e que tem em você um apoio constante, alguém que a vê por inteiro e que a valoriza muito além do reflexo que aparece no espelho.

Influenciadores e tendências: quem ela está seguindo?

Para as adolescentes de hoje, as redes sociais são mais do que um espaço para se conectar com amigos – elas são vitrines cheias de influenciadores, tendências e ideais que moldam a forma como elas enxergam o mundo e a si mesmas. Sua filha provavelmente segue pessoas que admira e acompanha conteúdos que definem o que é "legal", "bonito" ou "desejável". Embora muitos influenciadores possam ser fontes de inspiração, outros podem gerar comparações tóxicas e expectativas irreais. Entender quem sua filha está seguindo e o impacto disso é fundamental para ajudá-la a construir uma autoestima saudável.

Os influenciadores têm um poder imenso na vida das adolescentes porque parecem acessíveis e reais. Diferentemente das celebridades tradicionais, que pareciam intocáveis, os influenciadores dão a impressão de serem "gente como a gente". Eles compartilham momentos do dia a dia, conversam diretamente com seus seguidores e, muitas vezes, criam a sensação de amizade. Para sua filha, isso significa que o que eles dizem e fazem carrega uma influência direta em como ela se sente sobre si mesma.

No entanto, nem tudo o que parece autêntico nas redes sociais realmente é. Muitos influenciadores constroem suas imagens com a ajuda de filtros, edições e estratégias que destacam o que têm de melhor e escondem suas vulnerabilidades. Isso cria uma falsa sensação de perfeição que pode ser extremamente prejudicial para adolescentes em uma fase de vida tão sensível. Sua filha pode começar a pensar que precisa ser como aquela influenciadora – sempre bonita, feliz e bem-sucedida – para ser aceita ou admirada.

Além disso, as tendências promovidas nas redes sociais mudam rapidamente, criando uma pressão constante para acompanhar o que é "novo" ou "popular". Isso pode levar sua filha a gastar tempo, energia e até dinheiro tentando se adequar a padrões que, na maioria das vezes, são passageiros. Seja comprando um produto que está em alta, tentando reproduzir um estilo ou até mesmo adotando comportamentos que vão contra sua personalidade, ela pode acabar se perdendo na tentativa de se encaixar.

Como pai ou mãe, uma das formas mais eficazes de abordar esse tema é conversar sobre quem ela segue nas redes sociais. Pergunte com curiosidade, não com julgamento: "Quem são as pessoas que você mais gosta de acompanhar? O que você acha legal nelas?" Isso não só mostra que você se interessa pelo mundo dela, mas também pode abrir espaço para diálogos importantes sobre as mensagens que esses influenciadores estão transmitindo.

Outro ponto é ajudá-la a desenvolver um senso crítico em relação ao conteúdo que consome. Explique que, mesmo que os influenciadores pareçam "reais", eles também têm suas inseguranças, problemas e momentos difíceis, mesmo que não mostrem isso. Incentive sua filha a observar não apenas o que é mostrado, mas também o que pode estar sendo escondido. Pergunte: "Você acha que eles compartilham tudo ou só as partes boas?" Essa reflexão pode ajudá-la a perceber que ninguém tem uma vida perfeita, por mais que pareça.

Incentive também o equilíbrio no uso das redes sociais. Proponha momentos offline, onde ela possa se reconectar com o mundo real e com quem ela realmente é. Atividades como praticar um hobby, sair com amigos ou passar um tempo com a família podem ajudá-la a lembrar que sua identidade não está definida por curtidas ou seguidores.

Se possível, ajude sua filha a encontrar influenciadores ou conteúdos que promovam valores positivos e realistas. Existem muitos criadores que falam sobre saúde mental, aceitação corporal, criatividade e crescimento pessoal de forma construtiva. Mostrar esses exemplos pode ajudá-la a entender que ela pode buscar inspiração sem se sentir pressionada a se encaixar em padrões tóxicos.

Por fim, lembre sua filha de que ela não precisa se moldar ao que vê nas redes sociais para ser especial. Ajude-a a perceber que sua autenticidade e singularidade são muito mais valiosas do que qualquer tendência passageira. Quando ela aprende a enxergar sua própria beleza e valor, os padrões externos perdem força, e ela se torna mais confiante para ser quem realmente é.

Celebrando as pequenas e grandes conquistas

Em meio a um mundo que frequentemente destaca o que falta ou o que ainda precisa ser conquistado, celebrar vitórias – mesmo as menores – pode ser um ato transformador para a autoestima da sua filha. Às vezes, na correria do dia a dia, essas conquistas passam despercebidas, ou parecem pequenas demais para merecer atenção. No entanto, para uma adolescente, o reconhecimento dessas realizações pode fazer toda a diferença em como ela se enxerga e no quanto acredita em sua própria capacidade.

Adolescentes enfrentam desafios diários que nem sempre são evidentes para os adultos. Seja lidar com a pressão dos estudos, superar a timidez em uma apresentação ou simplesmente tomar uma decisão difícil, esses momentos representam esforços que, quando valorizados, reforçam sua confiança. Quando você reconhece e celebra essas conquistas, está enviando a mensagem de que o esforço dela importa e que cada passo, por menor que pareça, é digno de reconhecimento.

É importante lembrar que celebrar não significa exagerar ou criar expectativas irreais. Trata-se de destacar o progresso, e não apenas o resultado final. Por exemplo, se sua filha está se dedicando a aprender algo novo, como um idioma ou instrumento musical, valorize o empenho e a dedicação, mesmo que o domínio completo ainda esteja distante. Essa valorização do processo a ensina que o aprendizado é tão importante quanto o objetivo alcançado.

Pequenos gestos também fazem parte dessa celebração. Um elogio sincero, uma palavra de encorajamento ou até mesmo um sorriso de aprovação podem ter um impacto maior do que você imagina. Mostrar que você está atento ao que ela faz, seja nas tarefas diárias ou em conquistas maiores, ajuda a construir um ambiente onde ela se sente valorizada e apoiada.

Além disso, celebrar junto com ela é uma oportunidade de fortalecer o vínculo entre vocês. Por exemplo, se ela conseguiu superar um desafio escolar, talvez vocês possam preparar uma refeição especial juntos ou fazer algo que ela goste como forma de comemoração. Esses momentos não apenas reforçam a autoestima dela, mas também criam memórias significativas que ela levará consigo ao longo da vida.

Por outro lado, é importante equilibrar as celebrações para que elas não criem uma dependência de validação externa. Ensine sua filha a reconhecer e se orgulhar de suas próprias conquistas, mesmo que ninguém mais esteja olhando. Isso a ajuda a desenvolver um senso de realização interna, que não depende da aprovação de outras pessoas. Pergunte a ela: "Como você se sente com o que conseguiu?" ou "O que acha que aprendeu com isso?" Essas reflexões reforçam o aprendizado e ajudam a transformar cada vitória em uma experiência de crescimento.

Celebrar conquistas pequenas também é uma maneira de ajudá-la a lidar melhor com os momentos em que as coisas não saem como esperado. Quando sua filha percebe que o esforço é valorizado, mesmo que o resultado final não seja perfeito, ela se sente encorajada a tentar novamente, a persistir e a não desistir diante dos desafios. Essa mentalidade de progresso é fundamental para construir uma autoestima resiliente e saudável.

Por fim, mostre a ela que todas as conquistas, grandes ou pequenas, fazem parte de uma jornada única e pessoal. Cada vitória, por menor que pareça, é um passo em direção ao crescimento, e reconhecer isso é uma forma poderosa de ajudá-la a enxergar o valor que carrega dentro de si. Celebrar com ela não é apenas reconhecer o que ela fez, mas também mostrar o quanto ela é capaz de alcançar.

CAPÍTULO 4

LIDANDO COM EMOÇÕES EM TEMPESTADE

Se tem uma coisa que a adolescência traz à tona, são emoções intensas e muitas vezes imprevisíveis. Um dia, sua filha parece tranquila e comunicativa, e no outro, está fechada, irritada ou chorosa, tudo isso sem que você consiga identificar claramente o motivo. Pode ser um comentário feito por um colega, algo que ela viu nas redes sociais ou até mesmo um sentimento que nem ela consegue explicar. Para nós, pais, lidar com essas mudanças emocionais pode ser desafiador e, às vezes, até frustrante. A pergunta que fica é: como ajudar quando parece que estamos andando em terreno desconhecido?

O que precisamos lembrar é que a adolescência é um período de transformações profundas - físicas, mentais e emocionais. É como se um furacão estivesse passando por dentro delas, mexendo com tudo que antes parecia estável. Elas estão aprendendo a se conhecer, a lidar com suas inseguranças e a encontrar seu lugar no mundo. Isso exige paciência, empatia e, principalmente, presença. Não para resolver todos os problemas, mas para mostrar que elas não estão sozinhas.

Neste capítulo, vamos explorar como você pode ajudar sua filha a navegar por esse mar de emoções, ensinando-a a reconhecer e expressar o que sente de forma saudável. Afinal, tempestades emocionais são inevitáveis, mas com apoio e orientação, elas podem aprender a enfrentá-las com mais confiança e equilíbrio.

Ansiedade e medo: quando o coração está acelerado

A ansiedade e o medo são companheiros frequentes das adolescentes, especialmente em um mundo onde as exigências parecem crescer a cada dia. Para muitas meninas, esses sentimentos não são apenas reações momentâneas, mas uma constante que afeta desde suas rotinas até a maneira como enxergam a si mesmas. O coração acelerado, o nó na garganta e os pensamentos incessantes podem se tornar parte da realidade diária delas. Como pais, é difícil assistir a isso sem saber como ajudar, mas o primeiro passo é entender o que elas estão enfrentando.

A adolescência é uma fase cheia de incertezas. Sua filha está lidando com mudanças físicas, emocionais e sociais, ao mesmo tempo em que tenta descobrir quem é e como se encaixa no mundo. Essa combinação de fatores pode gerar ansiedade em situações que antes pareciam simples, como apresentações escolares, interações sociais ou até mesmo a tomada de decisões. O medo do julgamento, de falhar ou de não ser suficiente é um peso que muitas carregam em silêncio.

O agravante é que, hoje, a ansiedade está amplificada pela cultura digital. Redes sociais criam um ambiente onde a comparação é constante e a validação parece depender de curtidas e comentários. Isso pode fazer com que sua filha sinta que está sempre sendo avaliada, o que alimenta a sensação de inadequação. Além disso, o excesso de informações disponíveis – muitas vezes negativas ou alarmantes – também contribui para um estado de alerta constante.

Como pai ou mãe, o primeiro passo para ajudar sua filha a lidar com a ansiedade e o medo é validar o que ela sente. Evite minimizar suas preocupações com frases como "Isso não é nada" ou "Você está exagerando". Para ela, o que está sentindo é real e intenso, e escutar com empatia pode fazer uma grande diferença. Pergunte: "Como você está se sentindo?" ou "O que está te preocupando?" Mostrar que você está disposto a ouvir, sem julgamento, cria um espaço seguro para ela se abrir.

Além disso, é importante ajudá-la a identificar os gatilhos da ansiedade. Talvez sejam provas na escola, conflitos com amigos ou a pressão para atender a expectativas irreais. Quando ela entende o que desencadeia esses sentimentos, fica mais fácil encontrar formas de lidar com eles. Ajude-a a refletir sobre as situações que a deixam ansiosa e explore, junto com ela, estratégias para enfrentá-las.

Uma das ferramentas mais poderosas para lidar com a ansiedade é o autocuidado. Incentive sua filha a adotar hábitos que promovam equilíbrio emocional, como exercícios físicos, hobbies que ela goste e momentos de descanso longe das telas. Ensine-a também a respirar profundamente quando estiver se sentindo sobrecarregada – algo simples, mas eficaz para acalmar o corpo e a mente.

Outro ponto crucial é ajudá-la a separar os medos reais dos imaginários. Adolescentes têm uma tendência a catastrofizar – imaginar sempre o pior cenário possível. Quando ela compartilhar um medo, pergunte: "O que é o pior que pode acontecer? E se isso acontecer, o que você faria?" Essas perguntas ajudam a trazer uma perspectiva mais racional e menos emocional para a situação, reduzindo o impacto do medo.

Além disso, lembre sua filha de que ela não precisa enfrentar a ansiedade sozinha. Procure construir uma rede de apoio que inclua não apenas você, mas também professores, amigos confiáveis e, se necessário, profissionais de saúde mental. Mostrar que buscar ajuda é um sinal de coragem, e não de fraqueza, é fundamental para que ela sinta que há caminhos para superar os desafios.

Por fim, ajude-a a entender que ansiedade e medo fazem parte da vida, mas não precisam definir quem ela é. Reforce o quanto ela é forte por enfrentar esses sentimentos e que cada pequena vitória – como falar em público ou tentar algo novo – é um passo em direção a uma autoestima mais sólida. Quando ela aprende a reconhecer suas emoções e lidar com elas de forma saudável, ganha mais confiança para enfrentar os desafios da adolescência e da vida.

Raiva e frustração: o que está por trás?

A raiva e a frustração são emoções naturais, mas, na adolescência, elas podem parecer intensas e, às vezes, difíceis de lidar. Sua filha pode explodir por algo aparentemente pequeno ou se fechar completamente quando algo não sai como esperado. Para os pais, essas reações podem ser confusas ou até desafiadoras, especialmente quando não se sabe o que está por trás delas. No entanto, entender o que está alimentando essas emoções é o primeiro passo para ajudá-la a encontrar formas mais saudáveis de expressá-las.

A raiva geralmente é uma emoção secundária – um reflexo de algo mais profundo, como medo, tristeza ou frustração. Por exemplo, sua filha pode ficar irritada porque sente que ninguém está ouvindo suas opiniões, porque está lidando com pressão na escola ou porque algo a magoou, mas ela não sabe como verbalizar isso. Em vez de se concentrar apenas no comportamento, procure observar o contexto. O que aconteceu antes da explosão? O que pode estar incomodando ela naquele momento?

Frustração, por outro lado, costuma surgir quando há um sentimento de impotência ou incapacidade. Talvez sua filha esteja tentando atingir um objetivo que parece fora de alcance, como melhorar suas notas, conquistar um lugar em um grupo social ou se destacar em algo que ela gosta. Quando ela não vê progresso ou sente que está falhando, a frustração pode se transformar em raiva, direcionada a si mesma ou às pessoas ao seu redor.

Um erro comum ao lidar com essas emoções é reagir com mais raiva ou impaciência. Frases como "Você não pode agir assim!" ou "Pare de fazer drama!" podem acabar invalidando o que ela sente e aumentando a distância entre vocês. Em vez disso, procure manter a calma – mesmo que isso seja difícil no momento – e mostre que você está disposto a entender o que está acontecendo. Pergunte: "O que está te deixando tão chateada?" ou "Quer me contar o que aconteceu?" Abrir espaço para que ela explique pode ajudar a aliviar parte da tensão.

Outro ponto importante é ensinar sua filha a reconhecer e nomear suas emoções. Muitas adolescentes não têm o vocabulário emocional necessário para expressar o que estão sentindo e acabam resumindo tudo como raiva. Incentive-a a pensar além disso, perguntando: "Você acha que está irritada porque está triste, preocupada ou decepcionada?" Essa prática pode ajudá-la a identificar as verdadeiras causas dos sentimentos e, com o tempo, a lidar melhor com eles.

Ofereça também estratégias práticas para canalizar a raiva de forma construtiva. Algumas meninas se beneficiam de atividades físicas, como correr, dançar ou praticar esportes, para liberar a tensão acumulada. Outras podem preferir escrever em um diário, desenhar ou simplesmente ter um momento de silêncio para se acalmar. Mostre que sentir raiva é normal, mas que ela pode escolher como lidar com isso.

Além disso, ajude-a a estabelecer expectativas realistas para lidar com a frustração. Explique que nem tudo será fácil ou acontecerá no tempo que ela espera, e que isso faz parte da vida. Reforce a importância de celebrar os pequenos progressos e de ser paciente consigo mesma. Quando ela entende que não precisa ser perfeita ou acertar sempre, a frustração tende a diminuir.

Enfim, lembre-a de que a raiva e a frustração não definem quem ela é. Reforce que esses sentimentos são normais e que, com o tempo, ela aprenderá a lidar com eles de maneira mais equilibrada. Mostre que você está ao lado dela, não para julgar, mas para apoiar. Sua presença constante e seu exemplo de como lidar com os próprios desafios emocionais são ferramentas poderosas para ajudá-la a crescer emocionalmente. E, ao compreender o que está por trás das tempestades de raiva e frustração, você não apenas a ajuda a navegar por elas, mas também fortalece o vínculo entre vocês.

Quando ela se fecha: silêncio não é indiferença

Se tem algo que pode deixar os pais confusos, é o silêncio de uma filha adolescente. Depois de anos convivendo com sorrisos, perguntas curiosas e histórias compartilhadas, de repente ela parece retraída, falando apenas o necessário ou se isolando em seu próprio mundo. Para muitos pais, isso pode parecer um sinal de indiferença, mas a realidade é que, na maioria das vezes, o silêncio dela está tentando comunicar algo que palavras não conseguem expressar.

Adolescentes muitas vezes enfrentam um turbilhão de emoções que nem sempre conseguem entender ou verbalizar. Esse silêncio pode ser uma forma de processar o que estão sentindo, uma tentativa de evitar julgamentos ou apenas um momento de introspecção. O fato de ela estar mais reservada não significa que não valorize sua presença ou que tenha parado de confiar em você. Na verdade, em muitos casos, é exatamente o contrário: ela está tentando encontrar as palavras certas ou a coragem para se abrir.

Como pai ou mãe, o mais importante é não pressioná-la a falar antes que esteja pronta. Perguntas como "Por que você não conversa mais comigo?" ou "O que está acontecendo com você?" podem soar acusatórias e aumentar a distância entre vocês. Em vez disso, adote uma abordagem mais acolhedora, mostrando que você está disponível sem invadir o espaço dela. Diga algo como: "Percebi que você está mais quieta ultimamente. Quero que saiba que estou aqui se você quiser conversar." Essa simples frase pode ser um convite sutil para ela se abrir quando sentir que é o momento certo.

Outra forma de incentivar a comunicação é criar momentos em que a conversa aconteça de forma natural, sem pressão. Atividades compartilhadas, como assistir a um filme, cozinhar juntos ou sair para uma caminhada, podem oferecer oportunidades para o diálogo surgir espontaneamente. Muitas vezes, as conversas mais significativas acontecem quando a atenção não está diretamente voltada para "falar sobre sentimentos", mas quando vocês estão simplesmente aproveitando um momento juntos.

Também é importante observar os sinais que sua filha pode estar dando mesmo em silêncio. Mudanças em sua rotina, humor ou comportamento podem indicar que algo a está incomodando. Se você perceber que ela está mais isolada do que o normal ou evitando atividades que costumava gostar, pode ser hora de buscar uma conversa mais direta, sempre com empatia e paciência. Pergunte: "Tenho notado que você parece um pouco diferente ultimamente. Tem algo que você gostaria de conversar comigo?"

Por outro lado, é fundamental respeitar os momentos em que ela precisa de privacidade. Adolescência é uma fase de autodescoberta, e parte desse processo envolve ter tempo e espaço para refletir sobre quem ela é e o que está sentindo. Mostrar que você confia nela para lidar com seus próprios pensamentos e emoções é uma forma de reforçar sua confiança e autonomia.

Se o silêncio persistir ou parecer estar ligado a algo mais sério, como tristeza constante, queda no desempenho escolar ou mudanças significativas na alimentação e sono, pode ser o momento de considerar buscar ajuda profissional. Um psicólogo ou conselheiro pode oferecer um espaço seguro para sua filha explorar seus sentimentos e aprender formas saudáveis de se expressar.

Lembre-se de que o silêncio não é necessariamente algo negativo. Muitas vezes, ele é apenas uma pausa, um momento de introspecção que faz parte do crescimento. O mais importante é que sua filha saiba que você está lá, pronto para ouvir quando ela estiver pronta para falar. E, enquanto isso, sua presença consistente e acolhedora será uma lembrança de que, mesmo nos momentos de silêncio, ela nunca está sozinha.

Criando espaço para descanso emocional

Em um mundo onde tudo parece estar em alta velocidade, é fácil esquecer que descansar não é apenas uma necessidade física, mas também emocional. Para uma adolescente, as pressões da escola, das amizades, das redes sociais e até mesmo de si mesma podem ser implacáveis. E, muitas vezes, sua filha nem percebe o quanto está sobrecarregada emocionalmente – ela apenas sente a irritação, a tristeza ou a exaustão que acompanham esse peso. Como pais, vocês têm o poder de ajudar a criar um espaço onde ela possa encontrar alívio, conforto e a chance de recarregar as energias.

Descanso emocional não significa necessariamente "fazer nada". Muitas vezes, é sobre encontrar um equilíbrio entre as demandas diárias e os momentos que trazem paz e renovação. Para sua filha, isso pode significar desligar-se das redes sociais por um tempo, dedicar-se a um hobby que ela ama ou simplesmente passar um tempo com a família sem a pressão de "ter que fazer alguma coisa". O importante é ajudá-la a identificar o que a faz sentir-se bem e incentivá-la a priorizar esses momentos.

Uma maneira de criar esse espaço de descanso é estabelecer um ambiente em casa que seja acolhedor e livre de julgamentos. Muitas adolescentes evitam se abrir ou relaxar perto dos pais porque temem ser criticadas ou pressionadas a "fazer mais". Certifique-se de que sua casa seja um refúgio, onde ela possa ser ela mesma, sem a sensação de que está sempre sob avaliação. Gestos simples, como respeitar seu tempo sozinha ou perguntar como ela está se sentindo sem esperar uma resposta imediata, mostram que você valoriza sua individualidade e suas necessidades.

Outra forma de promover descanso emocional é incentivá-la a desconectar-se, mesmo que por pouco tempo. Hoje, com tantas telas e notificações competindo pela atenção, é comum que as adolescentes estejam constantemente ocupadas, mesmo nos momentos que deveriam ser de descanso. Proponha atividades offline que ela possa gostar, como ler um livro, cozinhar algo novo ou até mesmo sair para caminhar. Esses momentos ajudam a reduzir o ritmo acelerado e a trazer um pouco de calma para a mente e o coração.

Ensinar sua filha a reconhecer os sinais de que precisa de descanso também é essencial. Pergunte: "Você percebe quando está se sentindo sobrecarregada?" ou "O que costuma te ajudar a relaxar?" Essas perguntas não apenas mostram interesse, mas também a ajudam a desenvolver a consciência de suas próprias emoções e limites. Quando ela aprende a identificar o que a deixa estressada e o que a ajuda a relaxar, ganha uma ferramenta valiosa para lidar com os altos e baixos da vida.

Além disso, ajude-a a entender que descansar não é sinônimo de preguiça ou falta de produtividade. Vivemos em uma cultura que valoriza estar ocupado o tempo todo, e muitas adolescentes internalizam a ideia de que parar é errado. Reforce que o descanso é necessário para manter o equilíbrio e que cuidar de si mesma é uma prioridade, não um luxo. Compartilhe exemplos do que você faz para relaxar e recarregar suas próprias energias – ser um modelo de autocuidado é uma forma poderosa de ensiná-la a fazer o mesmo.

Por fim, lembre-se de que criar espaço para descanso emocional não é apenas sobre os momentos em que sua filha está visivelmente sobrecarregada. É algo que deve fazer parte da rotina dela, uma prática constante que a ajude a se manter equilibrada, mesmo nos dias mais difíceis. Mostre que você está presente para apoiá-la, não apenas quando ela precisa resolver problemas, mas também quando tudo que ela precisa é de um momento de paz. Esse apoio contínuo não apenas fortalece a saúde emocional dela, mas também constrói um vínculo ainda mais forte entre vocês.

CAPÍTULO 5

EDUCAÇÃO PARA RELACIONAMENTO SAUDÁVEIS

Se existe uma área da vida que molda profundamente quem somos, essa área é a dos relacionamentos. E, para uma adolescente, o universo das amizades, dos grupos sociais e até mesmo dos primeiros interesses amorosos pode ser ao mesmo tempo emocionante e desafiador. Sua filha está aprendendo a construir laços fora do ambiente familiar, e isso inclui lidar com diferenças, decepções e, muitas vezes, expectativas que nem sempre são correspondidas. Para ela, essas experiências são intensas e, em alguns casos, confusas.

Como pais, nosso papel não é controlar ou escolher os relacionamentos por elas, mas orientá-las a construir vínculos que as fortaleçam, em vez de enfraquecê-las. E isso não significa apenas apontar perigos ou dar conselhos, mas também mostrar, com exemplos, o que significa um relacionamento baseado em respeito, confiança e reciprocidade. É sobre ensinar que relacionamentos saudáveis não são perfeitos, mas são aqueles onde ambos os lados crescem e se sentem valorizados.

Neste capítulo, vamos explorar como ajudar sua filha a identificar amizades e vínculos que realmente valem a pena, além de como ensiná-la a estabelecer limites, reconhecer comportamentos tóxicos e, acima de tudo, valorizar o próprio bem-estar em cada relação que construir. Afinal, os relacionamentos que ela desenvolve agora serão a base para muitos outros que virão ao longo da vida.

Amizades complicadas: o que fazer quando ela se magoa?

Amizades são uma parte essencial da adolescência, mas nem sempre são fáceis. Para sua filha, os laços que ela forma com as amigas podem ser uma fonte de alegria e apoio, mas também de decepções e conflitos. As emoções estão à flor da pele, e algo que pode parecer pequeno para um adulto – como um comentário ou uma exclusão em um grupo – pode ter um impacto profundo no coração dela. Como pais, pode ser difícil assistir a esses momentos sem querer interferir diretamente, mas há maneiras de ajudar sem invadir.

O primeiro passo é reconhecer que, para sua filha, as amizades têm uma importância enorme. É normal que ela invista tempo e energia nesses laços e que, quando algo dá errado, isso a machuque profundamente. Dizer algo como "Você não deveria se importar tanto com isso" ou "Logo você supera" pode parecer uma tentativa de consolo, mas acaba desvalidando os sentimentos dela. Em vez disso, mostre empatia e interesse, perguntando: "O que aconteceu?" ou "Como isso te fez sentir?"

Quando ela se magoa em uma amizade, o instinto pode ser tentar resolver o problema por ela – seja falando com os pais da outra menina ou sugerindo que ela simplesmente se afaste. No entanto, é importante lembrar que essas experiências, por mais difíceis que sejam, fazem parte do aprendizado emocional. Ajudá-la a lidar com essas situações ensina habilidades valiosas, como resolver conflitos, estabelecer limites e compreender que nem todas as amizades são permanentes, e tudo bem.

Uma abordagem eficaz é incentivar sua filha a refletir sobre o que está acontecendo. Pergunte: "Você acha que foi algo momentâneo ou um padrão de comportamento?" ou "O que você gostaria de dizer a ela se pudesse?" Essas perguntas ajudam sua filha a organizar seus pensamentos e emoções, em vez de reagir impulsivamente. Em muitos casos, apenas conversar sobre o problema já é suficiente para aliviar parte da dor.

Se o conflito for mais sério, ajude-a a considerar uma conversa direta e honesta com a amiga. Explique que o objetivo não é acusar, mas expressar como ela se sente. Frases como "Eu me senti magoada quando isso aconteceu" são mais eficazes do que acusações como "Você sempre faz isso comigo". Ensinar sua filha a se comunicar com clareza e respeito é uma habilidade que ela levará para toda a vida.

Também é importante ajudá-la a reconhecer o valor do perdão e da paciência, sem, no entanto, ignorar seus próprios limites. Algumas amizades são marcadas por mal-entendidos e erros, mas têm um alicerce forte o suficiente para superar os conflitos. Outras, no entanto, podem ser tóxicas ou desequilibradas, e a melhor escolha pode ser se afastar. Ensine sua filha que, enquanto perdoar é importante, ela também tem o direito de se proteger e priorizar seu bem-estar.

Outro aspecto que merece atenção é o impacto das redes sociais nas amizades. Muitas vezes, os conflitos que começam offline se agravam online, com comentários, postagens indiretas ou exclusões em grupos. Ajude sua filha a entender que, em momentos de tensão, é melhor evitar alimentar a situação digitalmente. Incentive-a a resolver os problemas cara a cara, sempre que possível, e a não reagir impulsivamente às provocações virtuais.

Por fim, lembre sua filha de que amizades verdadeiras são construídas com tempo, confiança e reciprocidade. Não é porque uma amizade passou por um conflito que ela não tem valor, mas também é importante reconhecer quando uma relação está causando mais sofrimento do que alegria. Mostrar que você está ao lado dela, oferecendo apoio e orientação sem julgar, é essencial para que ela se sinta fortalecida e capaz de lidar com os altos e baixos das amizades.

As amizades da adolescência, por mais complicadas que sejam, ajudam a moldar o caráter e a resiliência da sua filha. E, com o seu apoio, ela pode aprender a valorizar os relacionamentos que a edificam e a deixar para trás aqueles que não contribuem para seu crescimento. Esse aprendizado, embora difícil, será uma das maiores lições que ela levará para a vida adulta.

Amor próprio antes do amor romântico

Na adolescência, é natural que sua filha comece a explorar o universo dos relacionamentos amorosos. Essa fase é cheia de descobertas, emoções intensas e, às vezes, idealizações. Muitas meninas, influenciadas por filmes, séries e até redes sociais, acabam associando sua felicidade ou valor pessoal à ideia de estar em um relacionamento. No entanto, é essencial ajudá-la a entender que antes de qualquer amor romântico, o amor próprio deve ser a base de tudo. Esse entendimento não apenas protege sua autoestima, mas também a prepara para construir vínculos mais saudáveis no futuro.

O conceito de amor próprio pode parecer abstrato para uma adolescente. Afinal, o que significa realmente "se amar"? Para muitas meninas, isso está associado a gostar da própria aparência ou ser bem-sucedida em algo. Mas o amor próprio vai muito além disso. Ele envolve respeito por si mesma, a consciência do seu valor e a capacidade de estabelecer limites claros em seus relacionamentos. Ensinar isso para sua filha é um processo que começa com a forma como ela se enxerga e como você, como pai ou mãe, reforça essa visão.

Um dos primeiros passos para incentivar o amor próprio é ajudá-la a reconhecer suas qualidades únicas. Pergunte sobre seus interesses, sonhos e talentos, e destaque como cada um deles a torna especial. Mostre que ela não precisa ser como ninguém além de si mesma, e que o valor dela não está atrelado a estar com alguém, mas em quem ela é. Quando ela aprende a valorizar sua individualidade, se torna menos vulnerável às pressões externas de "estar em um relacionamento" apenas para se sentir aceita.

Outro aspecto importante é ensinar que a validação externa, especialmente de um parceiro, não deve ser a principal fonte de felicidade. Muitas adolescentes acabam acreditando que precisam de um namorado ou namorada para se sentirem completas, mas essa ideia pode levar a relações desequilibradas e, em alguns casos, até abusivas. Explique que um relacionamento saudável é aquele que complementa, e não define quem ela é. Diga algo como: "Você é incrível por si mesma, e qualquer pessoa que entre na sua vida deve reconhecer isso e respeitar quem você é."

Também é crucial ajudá-la a identificar sinais de dependência emocional. Por exemplo, se ela sentir que precisa agradar o outro a qualquer custo, mudar quem é para ser aceita ou sacrificar seus próprios interesses em nome de um relacionamento, isso pode ser um indicativo de que o amor próprio precisa ser fortalecido. Ensine-a a importância de dizer "não" quando algo não está de acordo com seus valores ou causa desconforto. Mostrar que ela tem o direito de priorizar seu bem-estar é uma lição que evitará muitos conflitos emocionais no futuro.

Além disso, incentive sua filha a investir tempo em conhecer a si mesma antes de se envolver profundamente em um relacionamento. Diga que essa fase da vida é uma oportunidade preciosa para explorar quem ela é, descobrir o que gosta e construir uma base sólida de autoestima. Quando ela se sente confortável consigo mesma, está mais preparada para entrar em um relacionamento com equilíbrio e maturidade, sem depender do outro para se sentir valorizada.

Enfim, seja um exemplo de amor próprio. As atitudes e palavras que você usa consigo mesmo têm um impacto enorme em como sua filha aprende a se tratar. Se você demonstra respeito por si mesmo, estabelece limites saudáveis em seus relacionamentos e valoriza suas próprias qualidades, ela terá um modelo claro do que significa se amar. Mostre que amar a si mesma não é egoísmo, mas uma parte essencial de qualquer vínculo saudável.

A adolescência é o momento ideal para plantar as sementes do amor próprio na vida da sua filha. Isso não significa que ela não terá dúvidas ou desafios nos relacionamentos, mas que terá uma base sólida para enfrentá-los. Quando ela entende que seu valor não depende de outra pessoa, mas vem de dentro, está pronta para viver relacionamentos que acrescentem, e não que a diminuam. E isso é uma das maiores proteções que você pode oferecer para o coração dela.

Relacionamentos abusivos: sinais e conselhos

Uma das maiores preocupações de qualquer pai ou mãe é proteger a filha de relacionamentos que possam trazer dor, manipulação ou abuso. Infelizmente, nem todos os relacionamentos são saudáveis, e, na adolescência, muitas meninas acabam se envolvendo em vínculos onde os limites não são respeitados e a autoestima é constantemente minada. Ensinar sua filha a reconhecer os sinais de um relacionamento abusivo é essencial para protegê-la emocional e fisicamente.

Relacionamentos abusivos não começam com atitudes óbvias. Pelo contrário, geralmente começam com gestos sutis, como controle excessivo, ciúmes mascarados de "cuidado" ou críticas que parecem inofensivas. Para uma adolescente que está apenas começando a explorar o mundo dos relacionamentos, pode ser difícil identificar esses comportamentos como problemáticos. Ela pode até interpretá-los como demonstrações de afeto ou preocupação. É por isso que o diálogo aberto sobre esse tema é tão importante.

O primeiro passo é ajudá-la a entender o que caracteriza um relacionamento saudável. Fale sobre a importância do respeito mútuo, da confiança e do apoio emocional. Explique que em um vínculo saudável, ambos se sentem livres para serem quem são, sem medo de críticas ou punições. Quando ela sabe o que deve esperar de um relacionamento, é mais fácil identificar quando algo está fora do lugar.

Os sinais de um relacionamento abusivo podem variar, mas alguns comportamentos são comuns. Controle excessivo, como querer saber onde ela está o tempo todo, com quem está falando ou o que está vestindo, é um dos principais sinais de alerta. Críticas constantes, humilhações ou tentativas de fazê-la se sentir inferior também são formas de abuso, mesmo que não sejam físicas. Além disso, manipulação emocional – como ameaças de terminar ou culpar sua filha por todos os problemas do relacionamento – pode ser extremamente prejudicial para a autoestima dela.

Se você perceber que sua filha está em um relacionamento que apresenta alguns desses sinais, a forma como você aborda o assunto faz toda a diferença. Evite acusações diretas, como "Você não vê que ele é tóxico?" ou "Como você pode continuar com alguém assim?" Essas reações podem fazê-la se fechar ou até mesmo se sentir envergonhada. Em vez disso, pergunte com empatia: "Você está feliz nesse relacionamento?" ou "Como você se sente quando ele age assim?" Essas perguntas abrem espaço para ela refletir e, eventualmente, compartilhar suas preocupações.

Outro ponto importante é ensinar sua filha que pedir ajuda não é sinal de fraqueza. Muitas adolescentes permanecem em relacionamentos abusivos porque têm medo de serem julgadas ou porque acreditam que é responsabilidade delas "consertar" o parceiro. Reforce que ela nunca deve se sentir culpada por se afastar de alguém que a trata mal e que buscar apoio – seja da família, de amigos ou até de um profissional – é um ato de coragem.

Se for o caso, considere também discutir com ela a importância de estabelecer limites claros. Explique que ela tem o direito de dizer "não" a qualquer comportamento ou situação que a faça se sentir desconfortável. Incentive-a a ser firme em relação ao que espera de um relacionamento e a não abrir mão de seus valores por causa de outra pessoa.

Por fim, lembre sua filha de que ela merece ser tratada com amor, respeito e cuidado, pois foi assim que Deus a criou para ser tratada. Relacionamentos abusivos podem deixar marcas profundas, mas, com o apoio certo, é possível superá-los e aprender a construir vínculos mais saudáveis no futuro. Mostre que você está ao lado dela, não para julgar, mas para ser um porto seguro onde ela pode sempre encontrar compreensão e apoio.

Quando ela entende o valor que tem e o tipo de amor que merece, torna-se mais capaz de evitar relacionamentos que a diminuam e de buscar aqueles que realmente a façam crescer. E esse é um dos maiores presentes que você pode dar para ela: a segurança de saber que, não importa o que aconteça, ela nunca estará sozinha.

O papel da família como base de afeto

Os relacionamentos familiares são a primeira referência de amor, cuidado e aceitação que uma adolescente conhece. É no ambiente familiar que sua filha começa a construir a noção do que significa se relacionar, sejam vínculos saudáveis ou disfuncionais. O modo como vocês, como pais, interagem com ela e entre si serve como um modelo silencioso, mas poderoso, que moldará as escolhas e comportamentos dela em relacionamentos futuros. Por isso, fortalecer a família como base de afeto é uma das maiores heranças emocionais que você pode oferecer.

Quando falamos em família como base de afeto, não estamos falando de perfeição. Nenhuma família é livre de conflitos ou momentos difíceis, mas o que realmente importa é como esses desafios são enfrentados. Um ambiente onde os problemas são discutidos com respeito e onde todos têm o espaço para expressar suas opiniões e sentimentos constrói um senso de segurança e pertencimento. Para sua filha, saber que pode contar com o apoio e amor incondicional da família, mesmo quando comete erros, é essencial para sua autoestima e capacidade de se abrir.

Demonstrar afeto dentro da família não precisa ser algo grandioso. Pequenos gestos diários – como um abraço, palavras de encorajamento ou simplesmente perguntar como foi o dia dela – têm um impacto enorme. Esses momentos de conexão mostram que ela é vista, ouvida e valorizada. Além disso, criam uma base de confiança onde ela se sente segura para compartilhar suas preocupações e alegrias, sabendo que não será julgada ou ignorada.

Outra forma de reforçar a família como base de afeto é investir em momentos de qualidade juntos. Pode ser uma refeição em família, uma noite de jogos ou até mesmo assistir a um filme. O importante não é a atividade em si, mas a intenção de estar presente, sem distrações. Esses momentos criam memórias positivas que fortalecem os laços familiares e mostram à sua filha que ela tem um lugar onde é aceita exatamente como é.

O modo como você resolve conflitos dentro da família também é uma lição importante para sua filha. Se ela vê que os desentendimentos são tratados com gritos ou críticas, é provável que carregue essa dinâmica para seus próprios relacionamentos. Por outro lado, se ela observa que os conflitos podem ser resolvidos com respeito, diálogo e disposição para entender o outro, isso se torna um modelo que ela levará consigo. Não tenha medo de admitir erros ou pedir desculpas – isso não diminui sua autoridade, mas sim ensina humildade e maturidade.

Além disso, lembre-se de que sua filha está atenta à maneira como você se relaciona com outras pessoas, especialmente com seu cônjuge ou parceiros. Se ela vê um relacionamento baseado em respeito mútuo, comunicação aberta e apoio, isso se torna o padrão que ela buscará. No entanto, se o ambiente familiar for marcado por críticas constantes ou falta de diálogo, ela pode internalizar a ideia de que esses comportamentos são normais ou aceitáveis em um relacionamento.

Também é essencial oferecer apoio emocional consistente. Adolescência é uma fase de muitas incertezas, e sua filha precisa saber que, não importa o que aconteça fora de casa, ela sempre encontrará na família um porto seguro. Mesmo que ela cometa erros ou tome decisões que você não concorda, deixe claro que seu amor por ela não depende do comportamento dela, mas é incondicional. Isso não significa que você deva ignorar ou aceitar tudo, mas que pode corrigir com firmeza sem deixar de lado o afeto.

Por fim, lembre-a constantemente de que a família é o lugar onde ela pode ser quem realmente é, sem máscaras ou expectativas irreais. No meio de tantos desafios e pressões do mundo exterior, ter um ambiente onde ela se sente amada e acolhida é um alicerce que a ajudará a enfrentar qualquer dificuldade. O amor e o apoio que ela encontra na família não apenas fortalecem sua autoestima, mas também ensinam o tipo de relacionamento que ela deve buscar e oferecer ao longo da vida.

CAPÍTULO 6

FÉ EM MEIO AO CAOS

A adolescência já é, por si só, uma fase de incertezas e descobertas. Quando misturamos isso a um mundo cheio de mudanças rápidas, conflitos de valores e desafios inesperados, manter a fé pode parecer mais difícil do que nunca. Sua filha vive cercada por vozes que questionam crenças, relativizam princípios e oferecem respostas instantâneas para problemas complexos. Nesse cenário, a fé, que deveria ser um refúgio, pode acabar sendo relegada a segundo plano, não porque ela não a valorize, mas porque está aprendendo a lidar com tantas outras questões ao mesmo tempo.

Como pais, queremos que nossas filhas encontrem em Deus o alicerce de suas vidas, mas, às vezes, é difícil saber como conduzir isso sem forçar ou criar resistências. A verdade é que a fé não se transmite apenas com palavras, mas com exemplo, presença e amor. Não se trata de impor, mas de convidar; não de exigir perfeição, mas de mostrar que a fé é um caminho de transformação, que acolhe até mesmo as dúvidas e os momentos de fraqueza.

Neste capítulo, vamos explorar como apoiar sua filha a construir uma fé que seja dela, uma fé que resista ao caos e que a ajude a encontrar esperança e propósito, mesmo quando tudo ao redor parece confuso. Porque, no fim das contas, não há presente maior do que ajudá-la a descobrir que, independentemente das circunstâncias, Deus está sempre presente, pronto para guiá-la e amá-la incondicionalmente.

Quando Deus parece distante para ela

Há momentos na vida de todo cristão, inclusive na adolescência, em que Deus parece distante. Para sua filha, essa sensação pode ser especialmente confusa e desanimadora. Afinal, ela cresceu ouvindo que Deus está sempre presente, que ouve todas as orações e que se importa com cada detalhe da vida dela. Mas, quando as dificuldades aparecem ou as orações parecem não ser respondidas, é natural que ela comece a questionar: "Será que Deus realmente se importa comigo?" ou "Por que eu não sinto a presença dele como antes?".

Esse sentimento de distanciamento não significa que sua filha esteja se afastando de Deus ou perdendo a fé. Na verdade, faz parte do amadurecimento espiritual aprender a lidar com as dúvidas e os momentos de silêncio. É nesse processo que ela começa a construir uma fé mais sólida, que não depende apenas de emoções ou de circunstâncias favoráveis, mas de uma confiança profunda em quem Deus é, independentemente do que ela esteja sentindo.

Como pais, pode ser difícil ver sua filha passando por essa fase, especialmente se você também já enfrentou períodos semelhantes em sua própria caminhada com Deus. O mais importante é não minimizar o que ela está sentindo ou pressioná-la a "superar isso rapidamente". Em vez disso, mostre empatia e compartilhe suas próprias experiências, se for o caso. Diga algo como: "Eu também já me senti assim, e é muito difícil, mas saiba que isso não significa que Deus te deixou".

Ajude-a a entender que a fé não é baseada apenas em sentimentos, mas em uma certeza que vai além do que podemos perceber. Explique que até mesmo personagens bíblicos, como Davi, Jó e os próprios discípulos de Jesus, enfrentaram momentos em que se sentiram distantes de Deus. Mostre como esses exemplos revelam que, mesmo quando não sentimos a presença dele, Deus continua agindo e cuidando de nós.

Outro ponto importante é incentivar sua filha a continuar buscando a Deus, mesmo nos momentos em que parece não haver resposta. Isso pode incluir orar honestamente sobre o que está sentindo, ler a Bíblia em busca de consolo ou simplesmente passar um tempo em silêncio, permitindo-se estar na presença dele. Explique que Deus não espera orações perfeitas, mas sim um coração sincero. Diga que é completamente válido orar algo como: "Deus, eu não estou te sentindo agora, mas ainda quero confiar em ti".

Além disso, mostre que os períodos de aparente silêncio de Deus podem ser oportunidades para ela crescer espiritualmente. Muitas vezes, esses momentos nos ensinam a depender menos de nossos próprios entendimentos e mais da fidelidade de Deus. Incentive-a a enxergar isso como uma fase em que sua fé está sendo fortalecida, mesmo que ela ainda não consiga perceber os frutos desse processo.

Outra maneira de apoiá-la é criar oportunidades para que ela experimente a presença de Deus de maneiras práticas. Convide-a para momentos de adoração em família, leituras devocionais ou até mesmo para servir em algum projeto que impacte a vida de outras pessoas. Muitas vezes, é ao sair de nossas próprias preocupações e olhar para o que Deus está fazendo ao nosso redor que conseguimos sentir sua presença novamente.

Por fim, lembre sua filha de que Deus nunca a abandona, mesmo quando ela sente que ele está longe. Reforce que o amor de Deus não depende de como nos sentimos, mas é constante e imutável. Diga que, mesmo nos dias em que ela se sente sozinha ou confusa, Deus está trabalhando silenciosamente em sua vida. E, acima de tudo, mostre que você está ao lado dela nessa jornada, pronto para ouvir, apoiar e apontar para aquele que sempre estará presente, mesmo no meio do silêncio.

Oração: um diálogo sem pressões

A oração é um dos pilares da fé, mas para muitos adolescentes, inclusive sua filha, pode ser um desafio entender o que ela realmente significa. Para ela, orar talvez pareça uma obrigação, algo que precisa ser feito de forma "certa" ou que exige palavras bonitas e momentos perfeitos. Em um mundo acelerado e cheio de distrações, é fácil que a oração perca espaço ou seja vista como algo distante do cotidiano. No entanto, o que Deus deseja é simples: um diálogo sincero e sem pressões, onde ela possa ser exatamente quem é.

É importante lembrar que sua filha está em uma fase de aprendizado, não apenas na vida, mas também na fé. Muitas vezes, ela pode se sentir insegura sobre como orar ou se suas palavras "valem" diante de Deus. Ela pode questionar se suas orações são ouvidas ou se fazem diferença. Como pais, vocês têm a oportunidade de mostrar que a oração não é sobre perfeição, mas sobre conexão. Não importa a forma ou o tempo, mas o coração com o qual ela se aproxima de Deus.

Uma das melhores maneiras de ensinar isso é desmistificar a ideia de que a oração precisa seguir um modelo rígido. Explique que ela pode orar em qualquer lugar, a qualquer momento, usando suas próprias palavras. Orar não é um discurso formal, mas uma conversa com alguém que a conhece profundamente e a ama incondicionalmente. Diga que ela pode falar com Deus sobre qualquer coisa – suas alegrias, dúvidas, medos ou até mesmo suas reclamações. Afinal, Deus não espera palavras decoradas, mas um coração autêntico.

Outra maneira de incentivá-la é mostrar que a oração não precisa ser longa ou planejada. Diga que, em meio à rotina, ela pode simplesmente dizer: "Deus, me ajuda com isso" ou "Obrigado por esse momento." Esses pequenos diálogos ao longo do dia ajudam a construir uma relação mais próxima e natural com Deus. Mostre que a oração é menos sobre "o que" dizer e mais sobre a disposição de se conectar com ele.

É importante também dar o exemplo. Convide sua filha para orar junto com você, mas de forma leve, sem imposições. Pode ser antes de uma refeição, ao final do dia ou em um momento específico em que ela precise de apoio. Quando ela vê você orando de forma autêntica, ela aprende que a oração é algo acessível e que faz parte da vida, e não uma tarefa pesada ou distante.

Se ela enfrentar dificuldades para se concentrar ou sentir que não sabe o que dizer, sugira que ela escreva suas orações em um caderno. Isso pode ajudá-la a organizar os pensamentos e expressar o que sente de maneira mais clara. Além disso, ao reler suas orações no futuro, ela poderá perceber como Deus respondeu ou esteve presente em momentos que, inicialmente, pareciam silenciosos.

Também é fundamental que ela saiba que a oração é uma via de mão dupla. Explique que, além de falar, ela pode simplesmente ouvir. Ensine-a a separar momentos de silêncio, onde ela pode refletir, meditar em um versículo ou apenas estar na presença de Deus. Muitas vezes, é nesses momentos que ela encontrará paz e clareza.

Por fim, reforce que não existem orações "erradas". Não importa se ela sente que suas palavras são simples demais ou se não consegue orar todos os dias. O que realmente importa é o desejo de se conectar com Deus. Lembre-a de que Deus conhece o coração dela e que, mesmo quando faltam palavras, o Espírito Santo intercede por ela (Romanos 8:26). Esse é o tipo de amor e cuidado que ela pode encontrar na oração – um amor que não exige perfeição, mas que está sempre disponível.

Quando sua filha entende que orar não é uma obrigação, mas uma oportunidade de conversar com Deus, ela começa a enxergar a oração de uma forma nova: não como algo distante, mas como uma fonte de força e consolo em meio ao caos. E, ao ajudá-la a trilhar esse caminho, você estará fortalecendo sua fé de maneira profunda e significativa.

Ensinando a confiar no caráter de Deus

Confiar em Deus é uma das bases mais importantes da fé, mas, para uma adolescente, essa confiança pode ser algo difícil de construir e, às vezes, ainda mais difícil de manter. Sua filha está aprendendo a lidar com as incertezas da vida, as decepções e as perguntas que muitas vezes parecem não ter respostas. Nesse processo, ela pode questionar: “Por que isso aconteceu comigo?” ou “Se Deus é bom, por que eu estou passando por isso?” Essas perguntas não são sinais de fraqueza, mas parte do caminho natural de uma fé que está amadurecendo.

Para ajudar sua filha a confiar no caráter de Deus, é essencial mostrar que confiar não significa entender tudo, mas acreditar que Deus é quem ele diz ser – fiel, amoroso, justo e presente. Esse tipo de confiança vai além das circunstâncias e se baseia na certeza de que, mesmo quando não vemos ou sentimos, Deus está trabalhando em nosso favor.

Um dos primeiros passos para ensinar isso é incentivar sua filha a conhecer melhor quem Deus é.

Muitas vezes, as dúvidas surgem porque a visão dela de Deus pode estar limitada ou distorcida por experiências pessoais ou por aquilo que ouve de outras pessoas. Ajude-a a explorar passagens da Bíblia que revelam o caráter de Deus, como sua fidelidade em tempos de dificuldade (Lamentações 3:22-23), seu cuidado amoroso (Mateus 6:26-30) e sua justiça que prevalece, mesmo quando parece ausente (Salmos 37:5-6).

Além disso, compartilhe histórias – sejam bíblicas ou pessoais – que mostrem como Deus é confiável, mesmo em momentos difíceis. Personagens como José, que enfrentou traição e anos de espera antes de ver o propósito de Deus em sua vida, ou Ester, que arriscou tudo confiando no plano de Deus, são exemplos poderosos que podem inspirá-la. Se você tiver experiências em que viu a mão de Deus agindo, mesmo quando tudo parecia perdido, divida isso com ela. Mostrar como Deus foi fiel na sua vida pode ajudá-la a enxergar que ele também está presente na dela.

Outro aspecto importante é ensinar sua filha a distinguir entre confiar em Deus e esperar que ele sempre faça o que ela quer. Muitas vezes, a confiança pode ser abalada quando orações não são atendidas do jeito ou no tempo esperado. Explique que confiar no caráter de Deus significa acreditar que ele sabe o que é melhor, mesmo quando não entendemos. Diga que ela pode se apoiar em versículos como Isaías 55:8-9, que nos lembram que os pensamentos e caminhos de Deus são mais elevados que os nossos.

Também é importante reforçar que confiar em Deus não significa ignorar as dificuldades ou fingir que tudo está bem. Ensine sua filha que ela pode levar seus medos, frustrações e dúvidas a Deus, sem medo de ser julgada. Diga que é normal questionar, e que até mesmo os salmistas expressavam suas angústias a Deus. O que importa é que, mesmo nos momentos de dúvida, ela continue buscando e se apoiando nele.

Ajude-a também a identificar pequenas formas em que Deus demonstra sua presença e cuidado no dia a dia. Pode ser um encontro inesperado com um amigo, uma palavra de encorajamento que ela ouviu no momento certo ou uma solução para um problema que parecia impossível. Mostrar que Deus age nos detalhes da vida a ajudará a perceber que ele não está distante, mas está profundamente envolvido em sua jornada.

Em conclusão, lembre sua filha de que a confiança em Deus é algo que cresce com o tempo e com a experiência. Não é um processo instantâneo, mas um caminho que se constrói passo a passo. Diga que é normal não ter todas as respostas agora, mas que, com o tempo, ela verá como Deus é fiel e digno de confiança. E, acima de tudo, mostre que você está ao lado dela nessa caminhada, pronto para apoiá-la em suas dúvidas e para celebrar cada passo de fé que ela der.

Quando sua filha aprende a confiar no caráter de Deus, ela encontra uma base sólida que a sustentará em meio ao caos. E essa confiança, construída aos poucos, se tornará um alicerce que ela levará consigo por toda a vida.

Vivendo sua própria fé, não a sua

Como pais, queremos que nossos filhos cresçam com uma fé sólida e inabalável, mas, na adolescência, surge um momento crucial em que eles começam a questionar, refletir e até desafiar o que sempre lhes foi ensinado. Para sua filha, esse período de transição pode ser desconcertante – ela está saindo de uma fé herdada, que absorveu do ambiente familiar, para descobrir uma fé que seja verdadeiramente dela. Para você, como pai ou mãe, é uma oportunidade de ajudá-la a construir algo genuíno, em vez de apenas reproduzir crenças sem significado pessoal.

É importante entender que a transição para uma fé própria nem sempre é linear ou fácil. Ela pode fazer perguntas difíceis ou até parecer distante daquilo que antes abraçava sem questionar. Esse processo não é um sinal de fracasso espiritual, mas de crescimento. A fé madura não se baseia apenas em regras ou hábitos herdados, mas em um relacionamento real com Deus. E isso só acontece quando sua filha é incentivada a explorar, questionar e, eventualmente, apropriar-se do que acredita.

Um dos primeiros passos para ajudá-la nessa jornada é abrir espaço para conversas honestas sobre a fé. Permita que ela expresse suas dúvidas sem medo de ser julgada ou decepção. Quando você ouve com empatia e não reage com críticas ou respostas prontas, ela percebe que é seguro compartilhar o que está sentindo. Perguntas como "O que você pensa sobre isso?" ou "Como você se sente em relação à sua fé?" podem abrir portas para diálogos mais profundos.

Além disso, encoraje-a a buscar respostas por conta própria. Incentive-a a ler a Bíblia, participar de grupos de jovens ou ouvir mensagens que a ajudem a refletir. Mas, ao mesmo tempo, respeite o ritmo dela. Forçá-la a seguir determinados caminhos pode criar resistência, enquanto oferecer apoio e recursos mostra que você confia na capacidade dela de crescer espiritualmente.

Outro aspecto fundamental é mostrar que a fé não é apenas sobre rituais ou obrigações, mas sobre um relacionamento vivo com Deus. Ajude-a a enxergar que a espiritualidade vai além de ir à igreja ou orar antes das refeições. Mostre que Deus está presente nos detalhes do dia a dia dela – nas decisões que toma, nos sonhos que persegue e até nos desafios que enfrenta. Quando ela entende que Deus se importa com cada aspecto da vida dela, a fé se torna mais relevante e significativa.

Também é essencial que sua filha veja a autenticidade da sua própria fé. O exemplo que você dá, vivendo o que acredita de forma genuína, é mais poderoso do que qualquer sermão. Seja honesto sobre seus próprios momentos de dúvida ou dificuldade e como Deus esteve presente mesmo nessas fases. Isso não apenas humaniza a fé, mas também a inspira a buscar o mesmo em sua própria caminhada.

Se ela expressar desinteresse ou até rejeição temporária à fé, lembre-se de que a jornada dela não acabou. Nem sempre conseguimos ver o que Deus está fazendo no coração de nossos filhos, mas podemos confiar que ele está trabalhando. Continue orando por ela, mesmo quando as coisas parecerem estagnadas. A oração é uma forma de entregar sua filha nas mãos de Deus, sabendo que ele a ama ainda mais do que você.

Enfim, mostre a ela que uma fé própria não precisa ser perfeita. Diga que dúvidas, tropeços e momentos de incerteza fazem parte do caminho. O que importa não é nunca errar, mas continuar buscando. E, acima de tudo, reforce que, independente de onde ela esteja em sua jornada espiritual, o amor de Deus permanece constante e incondicional.

Ao ajudá-la a viver sua própria fé, você estará não apenas fortalecendo sua relação com Deus, mas também equipando-a para enfrentar a vida com confiança e propósito. Essa fé, construída com autenticidade e liberdade, será o maior legado que ela poderá carregar consigo.

CAPÍTULO 7

O PESO DAS EXPECTATIVAS

Você já percebeu como a adolescência é um período onde as expectativas parecem vir de todos os lados? Para sua filha, essas expectativas não vêm apenas da escola, dos amigos ou da sociedade, mas, muitas vezes, também de dentro de casa – mesmo que de forma não intencional. Ela sente a pressão de corresponder aos padrões, de ser "suficiente" e de atender às expectativas, sejam elas reais ou imaginadas. É uma carga pesada que muitas vezes ela carrega sozinha, e que pode afetar sua autoestima, sua confiança e até sua saúde mental.

Como pais, é natural querer o melhor para nossos filhos. Queremos que eles sejam bem-sucedidos, felizes e que alcancem seus sonhos. Mas, às vezes, sem perceber, acabamos projetando nossas próprias expectativas neles, criando pressões que podem ser difíceis de suportar. Isso não significa que não devemos incentivá-los ou guiá-los, mas que é importante encontrar um equilíbrio entre motivar e sobrecarregar.

Neste capítulo, vamos refletir sobre como as expectativas podem impactar sua filha e explorar formas de aliviar esse peso, ajudando-a a se sentir aceita e valorizada, não pelo que ela faz, mas por quem ela é. Porque, no final das contas, a maior conquista que ela pode alcançar é crescer sabendo que é amada e suficiente exatamente como é.

Perfis perfeitos: por que ela se sente insuficiente?

Para muitas adolescentes, a sensação de insuficiência começa com a comparação. Elas vivem cercadas por imagens e histórias que, aparentemente, representam vidas perfeitas - desde colegas que sempre tiram as melhores notas até influenciadores que exibem corpos, viagens e conquistas que parecem inatingíveis. Sua filha, tentando se encaixar nesse mundo de "perfis perfeitos", pode acabar sentindo que nunca é boa o suficiente, mesmo quando está dando o seu melhor. Esse sentimento pode ser devastador, afetando sua autoestima, sua motivação e até sua saúde emocional.

As redes sociais desempenham um papel importante nesse processo. Para sua filha, o feed do Instagram ou do TikTok não é apenas entretenimento, mas um espelho que reflete aquilo que ela acha que deveria ser. O problema é que esse reflexo é quase sempre distorcido. As pessoas mostram apenas os melhores momentos, as fotos mais bem editadas e as conquistas mais grandiosas, escondendo as dificuldades e imperfeições que fazem parte da vida real. Sua filha, vendo apenas essa "realidade filtrada", pode se sentir inadequada, como se estivesse constantemente atrás de um padrão que nunca conseguirá alcançar.

Esse sentimento não se limita ao mundo digital. Na escola, entre amigos ou até mesmo em casa, ela pode sentir que precisa atender a expectativas impossíveis. Seja tirar as melhores notas, ser sociável ou corresponder a padrões de beleza, essas pressões criam uma sensação de estar constantemente sendo avaliada. E, muitas vezes, essa avaliação vem de dentro. Sua filha pode ser a maior crítica de si mesma, se cobrando mais do que qualquer outra pessoa ao seu redor.

Como pai ou mãe, o primeiro passo para ajudá-la é reconhecer o impacto dessas comparações e mostrar que você entende o que ela está enfrentando. Pergunte como ela se sente ao ver certas imagens ou ouvir certos comentários, e escute com atenção, sem minimizar suas emoções. Frases como "Isso não é nada" ou "Você não deveria se preocupar com isso" podem parecer úteis, mas, na verdade, fazem com que ela se sinta ainda mais isolada em sua luta. Em vez disso, diga algo como: "Eu entendo que deve ser difícil lidar com isso. Quer conversar sobre o que você está sentindo?"

Ajude-a também a enxergar além do que é mostrado. Explique que ninguém é perfeito, por mais que pareça, e que todos têm lutas e imperfeições que nem sempre aparecem nas redes ou nas interações sociais. Compartilhe exemplos de sua própria vida ou histórias de pessoas que ela admira, mostrando que o sucesso verdadeiro não é medido por likes ou por uma vida "impecável", mas pela autenticidade e pela capacidade de superar desafios.

Outro ponto importante é reforçar o valor dela como pessoa, independentemente do que ela faz ou alcança. Celebre quem ela é, não apenas o que ela conquista. Diga que você a ama e se orgulha dela, não por suas notas, por sua aparência ou por qualquer outra realização, mas simplesmente por ela ser quem é. Esses lembretes constantes ajudam a neutralizar a sensação de que seu valor está atrelado a resultados.

Também é fundamental ensinar sua filha a reconhecer e valorizar suas próprias conquistas. Pergunte sobre algo que ela fez e do qual se sente orgulhosa, ou peça que liste qualidades que ela admira em si mesma. Isso a ajuda a desviar o foco do que ela "não é" para o que já conquistou e para quem ela está se tornando. Incentive-a a estabelecer metas realistas e a comemorar pequenos progressos, mostrando que ela não precisa se comparar a ninguém além de si mesma.

Por fim, mostre que a vida não é sobre atingir padrões perfeitos, mas sobre ser fiel a si mesma. Ajude-a a entender que cada pessoa tem um caminho único e que sua singularidade é o que a torna especial. Lembre-a de que, mesmo que ela não se encaixe nos padrões que o mundo impõe, ela já é suficiente e tem um valor inestimável que não depende de comparações ou expectativas externas.

Quando sua filha aprende a se ver com um olhar mais compassivo e a rejeitar a busca por perfeição, ela descobre uma liberdade que transforma não apenas sua autoestima, mas também sua forma de encarar a vida. E, com o seu apoio, ela pode crescer sabendo que não precisa ser perfeita para ser extraordinária.

A pressão por notas, resultados e performance

Na adolescência, a escola ocupa um lugar central na vida de sua filha. É onde ela passa boa parte do tempo, constrói amizades, aprende habilidades e encara desafios. No entanto, com tantas exigências acadêmicas e sociais, a escola também pode se tornar uma fonte significativa de pressão. Para muitas adolescentes, as notas e os resultados escolares se tornam sinônimos de valor pessoal, e a sensação de não estar atendendo às expectativas pode ser esmagadora.

Essa pressão pode vir de vários lugares. Professores que exigem excelência, colegas que competem entre si e até mesmo os próprios pais, muitas vezes sem perceber, podem alimentar a ideia de que o sucesso acadêmico é a única coisa que importa. Sua filha, por sua vez, internaliza essas mensagens e começa a se cobrar cada vez mais, acreditando que precisa ser perfeita para ser aceita e valorizada.

O problema é que essa cobrança constante pode ter efeitos negativos. Ansiedade, exaustão e até perda de interesse pelos estudos são consequências comuns de uma rotina focada apenas em resultados. Sua filha pode começar a evitar desafios por medo de falhar ou até desistir de algo que gosta por acreditar que não é "boa o suficiente". E, no pior dos casos, ela pode sentir que seu valor como pessoa está diretamente ligado ao que ela consegue entregar, o que é um peso emocional difícil de carregar.

Como pai ou mãe, é fundamental criar um ambiente onde ela entenda que os estudos são importantes, mas que seu valor vai muito além das notas. Evite elogiar apenas os resultados, como uma boa nota ou um prêmio acadêmico, e comece a valorizar o esforço e a dedicação. Frases como "Eu vi o quanto você se esforçou para essa prova, e estou orgulhoso de você por isso" ajudam a tirar o foco do resultado e colocam o mérito no processo.

Outro ponto importante é ajudá-la a equilibrar as demandas acadêmicas com o bem-estar emocional. Incentive-a a fazer pausas durante os estudos, a descansar quando se sentir sobrecarregada e a encontrar atividades que a ajudem a relaxar e recarregar as energias. Mostre que é possível buscar excelência sem sacrificar a saúde mental e emocional.

Converse com ela sobre o que realmente significa sucesso. Explique que ninguém é definido apenas por uma nota ou por uma conquista específica. Compartilhe histórias de pessoas que enfrentaram desafios, cometeram erros e, ainda assim, encontraram caminhos significativos em suas vidas. Isso ajuda sua filha a entender que o aprendizado é um processo contínuo e que os erros fazem parte do crescimento.

Se você perceber que ela está lutando para lidar com a pressão, esteja disponível para ouvi-la sem julgamentos. Pergunte como ela está se sentindo em relação aos estudos e se há algo que você possa fazer para ajudar. Às vezes, ela só precisa de um espaço seguro para desabafar e reorganizar seus pensamentos.

Além disso, ensine-a a estabelecer metas realistas e a priorizar suas tarefas. Muitas adolescentes sentem que precisam fazer tudo ao mesmo tempo, o que aumenta ainda mais a sensação de sobrecarga. Mostre que é possível dividir grandes tarefas em pequenos passos e que nem tudo precisa ser feito perfeitamente. Essa mentalidade de progresso ajuda a aliviar a pressão e a tornar os objetivos mais alcançáveis.

Por fim, lembre sua filha de que o valor dela não está no boletim escolar, mas em quem ela é como pessoa. Reforce que você a ama e tem orgulho dela, não pelo que ela conquista, mas pelo esforço, pela dedicação e pela pessoa incrível que ela está se tornando. Com o seu apoio, ela aprenderá a enfrentar as pressões acadêmicas sem deixar que elas definam sua identidade ou roubem sua alegria.

Ao ajudá-la a navegar por essas expectativas, você não apenas fortalece sua autoestima, mas também dá a ela as ferramentas necessárias para lidar com as demandas da vida adulta de forma equilibrada e saudável.

Os rótulos que sufocam

O problema dos rótulos é que eles reduzem a identidade de sua filha a uma única dimensão, ignorando a complexidade e a singularidade de quem ela realmente é. Por exemplo, se ela é constantemente chamada de "a estudiosa", pode sentir que precisa manter essa imagem a todo custo, evitando explorar outras áreas por medo de decepcionar. Da mesma forma, se ela é rotulada como "a rebelde" ou "problemática", pode começar a acreditar que não é capaz de mudar ou que precisa se encaixar nesse papel.

Esses rótulos criam expectativas que nem sempre refletem o que sua filha quer ou sente. Quando ela tenta se afastar do que foi atribuído a ela, pode enfrentar resistência ou até ser questionada. Isso gera uma sensação de aprisionamento, como se ela não pudesse ser mais do que aquilo que os outros esperam. E, com o tempo, isso afeta sua autoestima, sua autoconfiança e até mesmo seu senso de propósito.

Como pai ou mãe, uma das formas mais eficazes de ajudá-la a superar esses rótulos é reconhecer sua complexidade. Evite reforçar esses papéis com comentários repetitivos, mesmo que sejam positivos. Em vez de dizer: "Você é tão boa nisso, deveria focar apenas nisso", tente algo como: "É incrível como você tem talento para isso, mas também vejo que você gosta de explorar outras coisas. Isso é ótimo!" Esse tipo de abordagem mostra que você valoriza todas as facetas dela.

Outra forma de combater os rótulos é encorajá-la a experimentar coisas novas e a explorar diferentes aspectos de sua personalidade. Talvez ela tenha interesse em algo completamente diferente do que está acostumada, mas tenha medo de ser julgada por isso. Mostrar que você apoia suas escolhas, mesmo que sejam inesperadas, dá a ela liberdade para crescer e se descobrir sem se sentir limitada pelas expectativas dos outros.

Além disso, ajude sua filha a entender que ela não precisa atender a todas as expectativas externas. Explique que ninguém é definido por uma única característica ou habilidade, e que o valor dela está em sua totalidade – seus talentos, suas falhas, suas paixões e até suas dúvidas. Quando ela percebe que pode ser quem é, sem precisar se encaixar em um molde, começa a construir uma identidade mais autêntica e confiante.

Também é importante que ela saiba que pode mudar e evoluir ao longo do tempo. Reforce que é natural explorar novas áreas, abandonar o que já não faz sentido e se reinventar. Diga que ela não precisa se limitar ao que esperam dela e que tem o direito de traçar seu próprio caminho, mesmo que ele não seja o que os outros imaginavam.

Por fim, esteja atento aos sinais de que os rótulos estão afetando sua filha. Se ela parecer insegura sobre quem é ou relutante em tentar coisas novas, pode ser porque está se sentindo presa às expectativas alheias. Ofereça apoio e lembre-a de que você está ao lado dela, não para definir quem ela deve ser, mas para ajudá-la a descobrir isso por si mesma.

Quando sua filha entende que os rótulos não a definem, ela ganha a liberdade de ser muito mais do que os outros veem. Com o seu incentivo e apoio, ela poderá construir uma identidade rica e multifacetada, baseada em quem ela realmente é – e não no que esperam dela.

Ajude-a a definir suas próprias metas

Uma das maneiras mais poderosas de aliviar o peso das expectativas externas é ajudar sua filha a definir suas próprias metas. Muitas adolescentes vivem sob a pressão de atender aos padrões impostos por outras pessoas – sejam professores, amigos ou até mesmo os próprios pais. No entanto, quando ela aprende a estabelecer objetivos que refletem seus valores, interesses e sonhos, ela começa a criar um caminho que faz sentido para quem ela é. Isso não só fortalece sua autoestima, mas também dá a ela um senso de propósito e realização.

Definir metas próprias não significa que sua filha deve ignorar as responsabilidades ou expectativas legítimas, como estudos e compromissos familiares. O segredo está em equilibrar essas demandas com os objetivos que vêm do coração dela. Pergunte: "O que você gostaria de alcançar este ano?" ou "Existe algo que você sempre quis aprender ou fazer?" Essas perguntas ajudam a abrir espaço para reflexões que muitas vezes ficam escondidas no meio da correria do dia a dia.

Outro ponto importante é ensinar sua filha a estabelecer metas que sejam específicas, realistas e alcançáveis. Por exemplo, em vez de dizer "Eu quero ser boa em matemática", uma meta mais prática seria "Eu quero melhorar minhas notas em matemática estudando 30 minutos por dia." Esse tipo de abordagem torna os objetivos mais claros e menos intimidadores, o que aumenta as chances de sucesso.

Também é essencial que ela entenda que suas metas não precisam ser grandiosas ou impressionar os outros. Muitas adolescentes se sentem pressionadas a ter sonhos "dignos de destaque", mas a verdade é que os objetivos mais significativos são aqueles que têm valor pessoal. Se o objetivo dela é aprender a tocar uma música no violão ou criar uma rotina de autocuidado, isso é tão válido quanto qualquer conquista acadêmica ou esportiva.

Além disso, ajude sua filha a dividir suas metas em etapas menores. Isso evita que ela se sinta sobrecarregada ou desanimada quando o objetivo final parece distante. Diga que cada pequeno passo conta e que, com consistência, ela pode alcançar coisas que antes pareciam impossíveis. Essa mentalidade de progresso também a ensina a ser paciente consigo mesma e a valorizar cada avanço, por menor que pareça.

O papel do encorajamento também não pode ser subestimado. Celebre as conquistas dela, sejam grandes ou pequenas, e mostre que você está ao lado dela em cada etapa. Diga coisas como: "Eu estou muito orgulhoso de como você tem se dedicado" ou "Você realmente está avançando nisso!" Essas palavras de apoio têm um impacto enorme na motivação dela e mostram que você acredita no potencial que ela tem.

Ao mesmo tempo, ajude-a a entender que nem sempre tudo sairá como planejado, e está tudo bem. Explique que fracassos fazem parte do processo e que eles não diminuem o valor dela. Compartilhe histórias suas ou de outras pessoas que enfrentaram desafios, mas aprenderam e cresceram com eles. Isso a ensina a lidar com as dificuldades de forma mais resiliente e a continuar tentando, mesmo quando as coisas ficam difíceis.

Por fim, lembre sua filha de que as metas dela não precisam ser fixas. Assim como ela está crescendo e mudando, os objetivos também podem se ajustar ao longo do tempo. Reforce que não há problema em mudar de ideia ou redirecionar o caminho. O mais importante é que ela esteja sempre alinhada com o que realmente importa para ela.

Ao ajudá-la a definir suas próprias metas, você estará dando a sua filha não apenas a liberdade de ser quem ela é, mas também as ferramentas para construir uma vida que reflita seus valores e paixões. E, com o seu apoio, ela aprenderá que não precisa viver para atender às expectativas dos outros, mas para seguir o caminho que Deus planejou especialmente para ela.

CAPÍTULO 8

SEXUALIDADE E LIMITES

Falar sobre sexualidade com sua filha pode parecer um dos maiores desafios, principalmente para a paternidade. Talvez você sinta que não sabe por onde começar ou que as influências externas já estão falando mais alto. Em um mundo onde o sexo é frequentemente banalizado, onde os limites são vistos como ultrapassados e onde as informações estão a um clique de distância, a tarefa de orientar sua filha pode parecer assustadora. Mas a verdade é que ninguém tem mais autoridade, amor e sabedoria para isso do que você.

A adolescência é uma fase de descobertas, e sua filha está sendo bombardeada com mensagens sobre sexualidade vindas de todos os lados – filmes, músicas, redes sociais e até mesmo das conversas com os amigos. Muitas dessas mensagens distorcem o propósito e a beleza do plano de Deus para a sexualidade. Por isso, ela precisa de uma orientação clara, amorosa e baseada na verdade. Não se trata de impor regras ou criar medos, mas de ajudá-la a entender o valor da pureza, o significado dos limites e a importância de se preservar – não porque "é o certo", mas porque isso a protege e honra o plano de Deus para sua vida.

Neste capítulo, vamos explorar, juntamente com os ensinamentos de Dannah Gresh, como conversar sobre sexualidade de forma aberta e respeitosa, ajudando sua filha a enxergar os limites como um presente e a valorizar sua pureza como uma expressão de amor-próprio e de obediência a Deus. Lembre-se: você não precisa ter todas as respostas, mas sua disposição em abordar o tema com graça e verdade fará toda a diferença.

Quem é Dannah Gresh?

Dannah Gresh é uma autora best-seller e palestrante cristã, conhecida por seu trabalho em ministérios voltados para a educação sexual e desenvolvimento espiritual de jovens, tendo vendido mais de 750.000 exemplares. Ela é cofundadora da Pure Freedom e se dedica a ajudar mães a orientar suas filhas a evitar certas dores que enfrentaram na infância. Além disso, criou o programa True Girl, anteriormente conhecido como Secret Keeper. Tem escrito vários livros abordando a pureza, relacionamentos e a identidade em Cristo.

O que ela ouve na escola e online

O mundo de sua filha está repleto de mensagens sobre sexualidade, muitas delas conflitantes ou até prejudiciais. Na escola, nas redes sociais, em músicas ou filmes, as informações sobre sexo e relacionamentos são apresentadas de forma cada vez mais precoce e, em muitos casos, distorcidas. Sua filha está sendo constantemente bombardeada com ideias que muitas vezes banalizam a intimidade e ignoram o propósito e o plano de Deus para a sexualidade. Para ela, navegar por esse mar de informações pode ser confuso e, sem orientação, perigoso.

Na escola, é comum que o assunto surja em conversas entre amigos ou até em programas de educação sexual que, dependendo de como são conduzidos, podem reforçar conceitos que vão contra os valores que você está tentando ensinar em casa. Termos como "exploração", "curiosidade" e até mesmo "experimentação" são frequentemente usados para normalizar comportamentos que podem ferir emocional e espiritualmente. Sua filha pode sentir que está sendo pressionada a se encaixar nesses padrões ou que precisa "saber tudo" para ser aceita.

Online, o cenário é ainda mais desafiador. As redes sociais são um palco para influenciadores, vídeos e postagens que glamorizam comportamentos irresponsáveis ou desvalorizam a pureza. Em apenas alguns cliques, sua filha pode ter acesso a conteúdos que não apenas desinformam, mas também distorcem a visão saudável da sexualidade. Essa exposição constante pode criar comparações, inseguranças e até mesmo normalizar práticas que ela ainda não está emocionalmente ou espiritualmente pronta para lidar.

Como pai ou mãe, é essencial que você não ignore essas influências. Fingir que elas não existem ou evitar o assunto pode deixar um vácuo que será preenchido por outras vozes – vozes que, muitas vezes, não têm os melhores interesses de sua filha em mente. Em vez disso, abra o diálogo e mostre que você está disposto a conversar sobre o que ela ouve e vê, sem julgá-la ou fazer com que ela se sinta envergonhada.

Um bom ponto de partida é perguntar: "O que você acha sobre o que dizem sobre sexo na escola ou nas redes sociais?" Essa pergunta abre espaço para que ela compartilhe suas impressões e dúvidas, enquanto você tem a oportunidade de ouvir e entender o que está moldando suas percepções. Lembre-se de que sua primeira reação é crucial. Se você reagir com choque ou reprovação, ela pode se fechar. Em vez disso, mostre curiosidade e empatia, criando um ambiente seguro para ela se expressar.

Além disso, ofereça a ela uma visão bíblica sobre a sexualidade que seja clara, amorosa e prática. Explique que Deus criou o sexo como algo belo e sagrado, dentro do contexto do casamento, não como uma regra arbitrária, mas como uma forma de proteção e bênção. Mostre que os limites não são restrições sem propósito, mas sim caminhos que preservam o coração, a mente e o corpo dela. Use passagens bíblicas que reforcem essa visão, como 1 Coríntios 6:19-20, que fala sobre nosso corpo como templo do Espírito Santo.

Ajude-a também a desenvolver senso crítico em relação ao que consome online. Ensine-a a identificar mensagens enganosas e a questionar os padrões que o mundo apresenta. Pergunte: "Isso reflete quem você quer ser? Como você acha que isso se alinha com os valores que aprendemos?" Essas perguntas não apenas promovem reflexão, mas também a ajudam a filtrar o que é saudável e o que não é.

Em conclusão, lembre sua filha de que ela não está sozinha nessa jornada. Mostre que você está ao lado dela, não como alguém que vai impor regras, mas como um guia amoroso que deseja o melhor para ela. Quando ela entende que pode confiar em você, é mais provável que recorra a você em vez de buscar respostas nas vozes inconsistentes do mundo.

Proteger a mente e o coração de sua filha começa com conversas francas e constantes. E, ao ajudá-la a discernir o que ela ouve na escola e online, você estará plantando sementes de sabedoria e confiança que a ajudarão a valorizar quem ela é e a honrar o plano de Deus para sua vida.

Pureza com propósito: além de regras

Quando o assunto é pureza, muitas vezes a conversa é reduzida a uma lista de regras do que se pode ou não fazer. Essa abordagem, embora bem intencionada, pode acabar transmitindo a mensagem errada – como se a pureza fosse apenas sobre seguir normas, e não sobre algo mais profundo. Sua filha precisa entender que a pureza não é um conjunto de restrições, mas uma escolha com propósito. É sobre o valor que ela dá a si mesma e o compromisso de viver de acordo com o plano de Deus para sua vida.

A pureza, conforme ensina Dannah Gresh no livro *E a Noiva Vestiu Branco: Sete Segredos para a Pureza Sexual*[1], vai além do aspecto físico. Trata-se de uma postura do coração, uma forma de pensar, falar e agir que reflete uma identidade fundamentada em Cristo. Quando sua filha entende que pureza é mais do que uma regra, mas uma decisão de honrar a Deus, ela começa a enxergar os limites como proteção, e não como punição. Essa mudança de perspectiva é essencial para que ela faça escolhas que realmente importam, não por medo, mas por amor a Deus e a si mesma.

É importante, como pai ou mãe, apresentar a pureza de maneira positiva e não como algo que deve ser imposto ou tratado como um fardo. Explique que Deus criou a sexualidade como algo belo, projetado para ser desfrutado no tempo certo – no contexto do casamento. Mostre que os limites não estão lá para tirar a liberdade dela, mas para protegê-la de dores emocionais e espirituais que poderiam ser evitadas. Diga que guardar a pureza não significa negar sua sexualidade, mas valorizá-la ao máximo.

Uma forma eficaz de abordar o tema é conectar a pureza ao propósito de vida de sua filha. Pergunte: "Que tipo de história você quer contar sobre suas escolhas?" ou "Como você acha que essas decisões refletem quem você é e quem Deus te chamou para ser?" Essas perguntas a ajudam a enxergar que suas escolhas impactam não apenas o presente, mas também o futuro, moldando sua identidade e construindo um legado de integridade.

---

1 GRESH, Dannah. *E a Noiva Vestiu Branco: Sete Segredos para a Pureza Sexual.* Curitiba: Edições Vida Nova, 2018.

Além disso, ensine sua filha que pureza não é algo que se conquista de forma isolada. É uma caminhada que envolve o apoio de Deus e da comunidade ao redor dela. Mostre que ela não precisa enfrentar as tentações e os desafios sozinha. Ajude-a a encontrar amizades e influências que compartilhem dos mesmos valores e que a encorajem a viver de acordo com sua fé. Reforce que não há vergonha em buscar ajuda ou conselhos quando necessário.

Também é crucial abordar o tema do perdão. Muitas adolescentes podem carregar a culpa de escolhas passadas que consideram erros ou falhas em relação à pureza. Diga a ela que Deus é um Deus de graça e restauração, e que nada pode separá-la do amor dele (Romanos 8:38-39). Explique que, mesmo que ela tenha cometido erros, sempre há um novo começo. Essa mensagem não apenas a liberta da culpa, mas também a motiva a viver de maneira diferente daqui para frente.

Outro ponto é ajudá-la a compreender que pureza não é um estado fixo, mas uma jornada diária. Cada dia é uma nova oportunidade de escolher honrar a Deus com suas atitudes, pensamentos e decisões. Ao invés de focar em perfeição, incentive-a a focar em progresso – em ser melhor hoje do que foi ontem, com a ajuda de Deus.

Enfim, lembre sua filha de que a pureza não é algo que ela deve buscar para agradar aos outros, mas para proteger o coração que Deus lhe deu. Mostre que as escolhas que ela faz hoje estão construindo uma base sólida para o futuro que Deus planejou para ela – um futuro cheio de esperança, amor e propósito. E acima de tudo, reforce que você está ao lado dela, não como alguém que julga, mas como alguém que a ama incondicionalmente e deseja o melhor para sua vida.

Quando sua filha entende que a pureza é mais do que regras, ela começa a enxergar a beleza e a liberdade que vêm ao viver de acordo com o plano de Deus. E, com o seu apoio, ela será fortalecida para fazer escolhas que honrem a si mesma, a Deus e ao propósito que ele colocou em sua vida.

Respeito mútuo e autodeterminação

Uma das lições mais importantes que sua filha pode aprender sobre sexualidade é que o respeito mútuo e a autodeterminação são fundamentais em qualquer relacionamento. Em um mundo que frequentemente romantiza comportamentos de controle ou que trata o "não" como algo negociável, é essencial que ela entenda que o verdadeiro amor e a intimidade só podem existir onde há respeito e liberdade para ser quem se é. Isso não apenas protege sua pureza, mas também constrói uma base sólida para que ela saiba o que esperar – e exigir – de qualquer vínculo que construa no futuro.

O respeito mútuo começa com a forma como sua filha se enxerga. Ela precisa saber que é valiosa e digna de ser tratada com amor e consideração. Esse senso de valor próprio a ajuda a reconhecer quando alguém a trata de maneira inadequada ou tenta ultrapassar limites que ela estabeleceu. Ensinar sua filha a se respeitar começa em casa, com a forma como você fala com ela, como lida com as escolhas dela e como responde às suas dúvidas e preocupações. Quando ela se sente respeitada no ambiente familiar, é mais provável que busque e exija o mesmo nos relacionamentos fora de casa.

Dannah Gresh, em ¿Por qué es mejor esperar?[2] A Verdade que Ninguém Conta sobre o Sexo, enfatiza a

2 GRESH, Dannah. ¿Por qué es mejor esperar?. Chicago: Editorial Portavoz, 2020.

importância de capacitar as adolescentes a se tornarem responsáveis por suas decisões e a entenderem que os limites não são impostos por outros, mas escolhidos por elas. Isso é o que significa autodeterminação: a capacidade de tomar decisões baseadas em convicções pessoais, e não em pressões externas. Quando sua filha compreende que é ela quem controla seu corpo e suas escolhas, ganha a confiança necessária para dizer "não" quando algo vai contra seus valores ou a faz se sentir desconfortável.

Parte desse aprendizado envolve ajudar sua filha a reconhecer comportamentos de controle ou manipulação em relacionamentos. Explique que um relacionamento saudável é aquele onde ambas as pessoas se sentem seguras, valorizadas e respeitadas. Se alguém tenta controlar suas ações, seus amigos ou até a forma como ela se veste, isso não é amor – é um sinal de alerta. Da mesma forma, ensine-a a respeitar os limites do outro, mostrando que o respeito é uma via de mão dupla.

Ajude sua filha a identificar suas próprias convicções e a transformá-las em limites claros. Pergunte: "O que é importante para você em um relacionamento?" ou "Que tipo de comportamento você espera de alguém que gosta de você?" Essas reflexões ajudam-na a definir o que ela valoriza e o que não está disposta a aceitar. Quando esses limites são estabelecidos por ela mesma, e não impostos, ela sente mais segurança e autonomia para defendê-los.

Também é crucial que ela saiba que dizer "não" não é um ato de rejeição ou desamor, mas um ato de respeito por si mesma e pelos valores que acredita. Reforce que, em qualquer situação, ela tem o direito de dizer "não" sem precisar se justificar ou sentir culpa. Diga a ela que o respeito verdadeiro surge quando ambos os lados entendem e aceitam os limites um do outro.

Além disso, mostre à sua filha que o amor não exige sacrifícios que desrespeitem sua dignidade ou valores. Em um mundo que muitas vezes retrata o amor como algo que exige "provar" ou "ceder", é essencial que ela saiba que o verdadeiro amor respeita, honra e protege. Use exemplos bíblicos, como 1 Coríntios 13:4-7, para mostrar que o amor é paciente, bondoso e não força o outro a ultrapassar limites.

Por fim, ensine sua filha que a autodeterminação não é apenas sobre o presente, mas sobre construir um futuro saudável. Quando ela aprende a se posicionar, a reconhecer o valor do respeito mútuo e a manter o controle sobre suas escolhas, está se preparando para relacionamentos que serão marcados por reciprocidade, confiança e honra. E isso é algo que terá impacto não apenas em sua vida amorosa, mas em todas as áreas de sua vida.

Com seu apoio, sua filha pode aprender que o respeito começa dentro dela mesma e se reflete em suas relações com os outros. E, ao combinar esse respeito mútuo com a autodeterminação, ela estará construindo uma base sólida para viver uma sexualidade que honra a Deus, protege seu coração e celebra quem ela realmente é.

Quando surgirem dúvidas, seja a resposta dela

A adolescência é um período repleto de dúvidas, especialmente quando o assunto é sexualidade. Sua filha provavelmente já tem muitas perguntas, mesmo que não as verbalize. O que ela precisa saber é que você é a fonte confiável e segura para buscar essas respostas, em vez de recorrer a amigos, internet ou outras influências que podem apresentar visões distorcidas e confusas. Tornar-se esse ponto de referência na vida dela exige paciência, disponibilidade e, acima de tudo, um ambiente de amor e acolhimento.

Uma das principais razões pelas quais adolescentes hesitam em conversar sobre sexualidade com seus pais é o medo de serem julgadas ou incompreendidas. É fundamental que sua filha perceba que você está disposto a ouvir sem críticas ou reprovações. Quando ela fizer perguntas ou demonstrar curiosidade, responda com calma e honestidade, mesmo que o assunto seja desconfortável. Evite reações como "Por que você está pensando nisso?" ou "Isso não é coisa para sua idade." Em vez disso, diga algo como: "É uma pergunta importante, e fico feliz que você esteja me trazendo isso. Vamos conversar."

Em Six Ways to Keep the *Little" in Your Girl: Guiding Your Daughter from Her Tweens to Her Teens*[3], Dannah Gresh destaca que a abertura e o diálogo são essenciais para proteger as meninas das informações enganosas e da pressão social. Ela incentiva os pais a serem intencionais ao abordar o tema da sexualidade, explicando que, quando os filhos encontram nos pais uma fonte segura, eles se sentem mais confiantes para resistir às influências externas. Por isso, não espere que as dúvidas surjam; tome a iniciativa de abrir espaço para essas conversas, mostrando que está disponível para esclarecer qualquer coisa.

Outro ponto importante é adaptar as respostas de acordo com a idade e o nível de compreensão dela. Se sua filha é mais nova, explique os conceitos de forma simples, sempre reforçando o valor da pureza e da importância dos limites como proteção. Já se ela for mais velha, esteja preparado para discussões mais complexas e profundas, incluindo as consequências emocionais e espirituais das escolhas relacionadas à sexualidade. Mostre que você confia na capacidade dela de entender e tomar decisões sábias, mas que também está ao lado dela para guiá-la nesse processo.

Além de responder às dúvidas dela, aproveite para compartilhar a visão de Deus sobre a sexualidade. Explique que

---

3 GRESH, Dannah. Six Ways to Keep the "Little" in Your Girl: Guiding Your Daughter from Her Tweens to Her Teens. Editora: Harvest House Publishers, 2010.

sexo não é algo errado ou sujo, mas um presente criado por Deus para ser desfrutado dentro do casamento, com respeito e amor. Use passagens bíblicas como Gênesis 2:24 e Hebreus 13:4 para reforçar que a sexualidade é parte do plano perfeito de Deus, projetada para trazer unidade e alegria, e não dor ou confusão.

Se você não souber a resposta para alguma pergunta, seja honesto. Diga: "Eu não tenho certeza agora, mas vou pesquisar e conversamos sobre isso depois." Isso mostra que você valoriza a honestidade e que está comprometido em fornecer informações corretas e úteis. Essa postura também ensina sua filha a não se sentir envergonhada por não saber tudo e a buscar fontes confiáveis quando tiver dúvidas.

Outra maneira de ser a resposta dela é compartilhar experiências pessoais, quando apropriado. Fale sobre as lições que você aprendeu em sua própria jornada e como elas moldaram sua visão sobre sexualidade e relacionamentos. Isso não apenas humaniza a conversa, mas também mostra que você compreende os desafios que ela está enfrentando.

Por fim, lembre-se de que as dúvidas e conversas sobre sexualidade não acontecem apenas uma vez; são diálogos contínuos que se aprofundam com o tempo. Esteja sempre disponível para ouvi-la, mesmo que você não concorde com tudo o que ela diz ou pensa. Sua disposição em escutar e responder com paciência e amor cria um vínculo de confiança que será crucial em sua caminhada.

Ao se tornar a fonte confiável de respostas para sua filha, você está ajudando-a a navegar por um mundo cheio de informações conflitantes, capacitando-a a tomar decisões que honrem a Deus, protejam seu coração e a ajudem a viver uma vida plena e íntegra. E, acima de tudo, ela saberá que, em você, sempre encontrará orientação e apoio incondicional.

CAPÍTULO 9

RESILIÊNCIA E SUPERAÇÃO

Ninguém gosta de enfrentar dificuldades, mas, na vida, elas são inevitáveis. Para sua filha, cada desafio pode parecer maior do que realmente é, e a adolescência, por si só, já traz inseguranças que tornam tudo ainda mais intenso. O que muitas vezes não percebemos é que são justamente esses momentos difíceis que moldam quem nos tornamos. Resiliência não é algo com que nascemos, mas uma habilidade que aprendemos e desenvolvemos, e você pode desempenhar um papel crucial nesse aprendizado.

Sua filha precisa entender que não é o tamanho do problema que define quem somos, mas como escolhemos reagir a ele. E, acima de tudo, que ela não está sozinha nessa caminhada. Ensinar resiliência não é dizer a ela que ignore a dor ou que seja "forte o tempo todo", mas mostrar que, mesmo nos momentos mais difíceis, é possível encontrar forças para se levantar novamente.

Neste capítulo, vamos explorar como ajudá-la a superar os obstáculos com coragem, construir confiança em si mesma e, mais importante, entender que cada dificuldade traz uma oportunidade de crescimento. Porque, no fim, a resiliência não é apenas superar; é transformar desafios em degraus que a levam mais perto do propósito que Deus tem para a vida dela.

Erros e aprendizados: por que falhar é importante

Para muitos adolescentes, errar é sinônimo de fracasso. Sua filha pode se sentir envergonhada, incapaz ou até mesmo paralisada diante de um erro, acreditando que isso define quem ela é ou que nunca será capaz de superar. Mas a verdade é que falhar faz parte da vida – e, mais do que isso, é uma das formas mais poderosas de aprender. Ensinar sua filha a enxergar os erros sob essa perspectiva é uma das lições mais valiosas que você pode oferecer.

Os erros muitas vezes são vistos como algo negativo, mas, na realidade, eles são oportunidades de crescimento. Eles revelam áreas onde podemos melhorar, nos ensinam lições importantes e nos preparam para enfrentar desafios maiores no futuro. No entanto, para sua filha, pode ser difícil enxergar isso no momento. Talvez ela esteja lidando com a decepção de não ter atingido uma meta, o constrangimento de uma falha pública ou até mesmo o peso de expectativas não alcançadas. O papel dos pais, nesses momentos, é mostrar que errar não é o fim, mas um começo.

Uma maneira de ajudar é compartilhar histórias de erros e aprendizados, sejam suas próprias experiências ou exemplos de pessoas que ela admira. Mostre que mesmo as pessoas mais bem-sucedidas enfrentaram fracassos antes de alcançarem seus objetivos. Diga a ela: “Todo mundo erra, e isso não diminui quem você é. O importante é o que você faz depois do erro.” Essa frase reforça que o valor dela não está no desempenho perfeito, mas na capacidade de se levantar e seguir em frente.

Outro ponto essencial é evitar transformar o erro em algo maior do que ele realmente é. Às vezes, na tentativa de corrigir, podemos acabar colocando peso demais em uma falha. Frases como “Eu esperava mais de você” podem ferir mais do que ajudar. Em vez disso, tente dizer: “Vamos pensar juntos sobre o que podemos aprender com isso.” Essa abordagem não só reduz a pressão, mas também ensina sua filha a adotar uma mentalidade de crescimento, onde cada experiência – boa ou ruim – é uma chance de evoluir.

Além disso, incentive-a a refletir sobre os erros de forma construtiva. Pergunte: "O que você acha que poderia ter feito diferente?" ou "Que lição você pode tirar disso para a próxima vez?" Essas perguntas ajudam sua filha a processar o que aconteceu e a encontrar maneiras de melhorar, em vez de ficar presa no arrependimento ou na autopunição.

Também é importante lembrar que, muitas vezes, o medo de errar é o que impede as pessoas de tentar algo novo. Se sua filha tem medo de falhar, mostre que o fracasso faz parte do processo de aprendizado. Diga a ela: "Errar não significa que você não é boa o suficiente. Significa que você está tentando, e isso já é algo incrível." Reforce que a coragem de tentar é mais importante do que o resultado final.

Por fim, ajude-a a separar os erros do valor pessoal. Um erro não define quem ela é – ele é apenas um momento, uma experiência. Reforce que ela é amada e aceita por quem é, e não pelo que faz ou alcança. Quando ela entende isso, começa a construir uma resiliência emocional que a ajuda a enfrentar os desafios com mais confiança e menos medo.

Ao ensinar sua filha que errar é uma parte natural e importante da vida, você não apenas a prepara para lidar com os desafios da adolescência, mas também a capacita a enfrentar o futuro com coragem, maturidade e a certeza de que cada erro é uma oportunidade de começar de novo.

Rejeição e exclusão: como ajudá-la a lidar?

O primeiro passo para ajudá-la é compreender seus sentimentos. A rejeição dói, e tentar minimizar essa dor com frases como "Isso acontece com todo mundo" ou "Você não deveria se importar com isso" pode fazer com que ela se sinta ainda mais sozinha. Em vez disso, mostre empatia. Diga algo como: "Eu entendo que isso deve ser muito difícil para você. Quer me contar mais sobre como se sente?" Essas palavras abrem espaço para que ela desabafe e processe o que está sentindo, sem medo de julgamento.

É importante também ajudá-la a entender que a rejeição, embora dolorosa, não define quem ela é. Explique que ser excluída ou rejeitada diz mais sobre as circunstâncias ou as escolhas dos outros do que sobre o valor dela como pessoa. Reforce que ela é amada, única e cheia de qualidades que não dependem da aprovação de ninguém. Lembre-a de que até mesmo as pessoas mais admiráveis enfrentaram rejeições em algum momento da vida e que isso faz parte do crescimento.

Outra maneira de ajudá-la é incentivá-la a buscar conexões que realmente importam. Explique que nem todos os relacionamentos valem o esforço de tentar agradar ou se encaixar. Diga: "Você merece estar com pessoas que valorizam quem você realmente é, e não com aquelas que esperam que você mude para se encaixar." Isso a ensina a priorizar amizades genuínas e a reconhecer que o amor e o respeito mútuos são fundamentais em qualquer relação.

Se a rejeição aconteceu em um grupo escolar ou em um ambiente social, ajude-a a identificar outras oportunidades de se conectar. Talvez haja outros grupos ou atividades onde ela possa encontrar pessoas que compartilhem de seus interesses e valores. Mostre que a exclusão de um grupo não significa que ela não será aceita em outros lugares. Ao contrário, pode ser uma oportunidade de encontrar conexões ainda mais significativas.

Além disso, ensine-a a construir resiliência emocional diante da rejeição. Explique que, embora ela não possa controlar como os outros agem, pode escolher como reagir. Incentive-a a focar em suas paixões, hobbies e objetivos pessoais, em vez de gastar energia tentando ganhar a aprovação de quem não a valoriza. Quando ela aprende a investir em si mesma, em vez de buscar aceitação externa, sua confiança e autoestima começam a florescer.

Outro ponto importante é ajudá-la a encontrar força na fé. Diga que, mesmo quando as pessoas a rejeitam, Deus nunca a abandona. Lembre-a de que ela é profundamente amada e aceita por Ele, independentemente do que os outros pensem ou façam. Use versículos como Isaías 41:10: "Não temas, pois eu estou com você; não tenha medo, pois eu sou o seu Deus" para reforçar que ela nunca está sozinha.

Enfim, ajude-a a entender que a rejeição, por mais dolorosa que seja, também pode trazer lições valiosas. Ela pode ensinar sobre resiliência, empatia e até mesmo sobre o tipo de pessoa e amizade que ela deseja em sua vida. Mostre que cada experiência, boa ou ruim, contribui para seu crescimento e que, com o tempo, a dor da rejeição diminui, mas as lições permanecem.

Com seu apoio e encorajamento, sua filha pode aprender que, embora a rejeição seja uma parte da vida, ela não define quem ela é. E, mais importante, que a força e a resiliência que ela desenvolve ao enfrentar esses momentos a prepararão para construir relacionamentos mais saudáveis, significativos e duradouros no futuro.

Resistindo ao bullying: coragem e compaixão

O bullying é uma realidade que afeta muitas adolescentes, deixando marcas profundas na autoestima e na forma como elas enxergam o mundo. Para sua filha, lidar com provocações, exclusões ou ataques verbais pode ser extremamente doloroso, especialmente em um momento da vida em que a aceitação social é tão importante. Mas, com o apoio certo, ela pode aprender a enfrentar o bullying com coragem e compaixão, transformando uma experiência negativa em um impulso para crescer emocionalmente e ajudar outros.

O primeiro passo para ajudá-la é reconhecer os sinais de que ela pode estar enfrentando bullying. Mudanças de comportamento, como retraimento, queda no desempenho escolar, dificuldade para dormir ou até mesmo evitar situações sociais, podem ser indícios de que algo está errado. Se você suspeitar que isso está acontecendo, aborde o assunto com cuidado e sensibilidade. Pergunte: "Eu notei que você está diferente ultimamente. Algo está te incomodando?" ou "Você se sente confortável com as pessoas ao seu redor na escola?" Essas perguntas mostram que você está disposto a ouvir sem pressioná-la.

Se sua filha confirmar que está enfrentando bullying, a primeira coisa que ela precisa ouvir é que isso não é culpa dela. Muitos adolescentes internalizam o comportamento de agressores, acreditando que fizeram algo errado ou que merecem o tratamento que estão recebendo. Explique que o bullying é um reflexo das inseguranças e problemas de quem pratica, e não de quem sofre. Reforce que ela é valiosa e digna de respeito, independentemente do que outras pessoas digam ou façam.

Ajude-a a desenvolver estratégias práticas para lidar com essas situações. Ensine-a a se afastar de conflitos, evitar reações emocionais excessivas (o que muitas vezes é o que os agressores buscam) e procurar ajuda de adultos responsáveis, como professores ou conselheiros escolares, sempre que necessário. Reforce que buscar apoio não é sinal de fraqueza, mas de coragem.

Também é importante ensinar sua filha a equilibrar coragem e compaixão. Isso não significa que ela deve aceitar comportamentos tóxicos ou colocar-se em situações de perigo, mas que pode escolher não devolver a agressão. Explique que responder ao ódio com ódio apenas perpetua o ciclo, enquanto agir com dignidade e respeito demonstra força verdadeira. Se for seguro, incentive-a a expressar como se sente. Algo simples como "Eu não gosto de como você está me tratando, por favor, pare" pode, em alguns casos, desarmar o agressor.

Além disso, encoraje sua filha a construir uma rede de apoio. Amigos verdadeiros, familiares e até mesmo grupos de interesse, como esportes ou atividades artísticas, podem ajudá-la a se sentir valorizada e conectada. Essas relações positivas não apenas reforçam sua autoestima, mas também mostram que ela não está sozinha.

Outro ponto crucial é ajudá-la a encontrar forças na fé. Lembre-a de que, mesmo nos momentos mais difíceis, Deus está ao lado dela, oferecendo consolo e orientação. Versículos como Salmos 34:18, que diz "O Senhor está perto dos que têm o coração quebrantado", podem trazer conforto e esperança. Diga que, por mais doloroso que seja o bullying, Deus a vê e a ama incondicionalmente.

Em conclusão, ajude sua filha a enxergar além da dor. Explique que, embora o bullying seja uma experiência difícil, ela pode usá-la como uma oportunidade de crescer em empatia e compaixão. Muitas pessoas que enfrentaram esse tipo de situação no passado se tornaram defensoras de outros, transformando sua dor em força para ajudar quem passa pelo mesmo. Mostre que ela tem o poder de escolher como essa experiência irá moldá-la – não como vítima, mas como alguém que supera e inspira.

Com coragem, apoio e uma visão clara de seu valor, sua filha pode resistir ao bullying e sair ainda mais forte. E, acima de tudo, ela aprenderá que, mesmo em meio à escuridão, há sempre um caminho para a luz, com resiliência, compaixão e o amor inabalável de quem está ao seu lado.

A força que vem de dentro

Nos momentos mais difíceis, quando tudo ao redor parece desmoronar, a força que realmente sustenta alguém vem de dentro. Para sua filha, essa força pode parecer distante ou até inexistente quando ela enfrenta desafios que a fazem duvidar de si mesma. Mas a verdade é que ela tem dentro de si uma resiliência que precisa ser descoberta, cultivada e fortalecida. Como pai ou mãe, seu papel é ajudá-la a enxergar que, mesmo nas situações mais difíceis, ela é capaz de se levantar e seguir em frente.

O primeiro passo para ajudá-la a acreditar em si mesma é validar o que ela está sentindo. Muitas vezes, adolescentes que enfrentam dificuldades – seja uma decepção, um fracasso ou um conflito – se sentem incompreendidas. Dizer coisas como "Isso não é nada" ou "Você está exagerando" pode fazer com que ela se feche ainda mais. Em vez disso, mostre empatia e diga algo como: "Eu sei que isso é difícil para você, mas eu acredito na sua capacidade de superar." Essa simples afirmação reforça que você está ao lado dela e acredita em seu potencial.

Outro ponto importante é ensinar sua filha a reconhecer suas próprias qualidades e habilidades. Pergunte: "O que você já fez no passado que te deixou orgulhosa?" ou "Qual foi uma situação difícil que você conseguiu superar?" Essas reflexões ajudam-na a lembrar que, mesmo em meio às dificuldades, ela já demonstrou força antes e pode fazer isso novamente. Incentive-a a criar uma "lista de vitórias", anotando pequenas e grandes conquistas que ela pode consultar sempre que se sentir insegura.

Ensine-a também que a força interna não significa enfrentar tudo sozinha, mas saber buscar ajuda quando necessário. Reforce que pedir apoio não é sinal de fraqueza, mas de sabedoria. Diga que ela pode contar com você e com outras pessoas de confiança, como professores, amigos ou até mesmo profissionais, se precisar. Mostrar que ela tem uma rede de apoio fortalece sua autoconfiança e a ajuda a entender que não precisa carregar tudo sozinha.

Além disso, ajude-a a transformar pensamentos negativos em afirmações positivas. Muitas adolescentes se sabotam com frases como "Eu nunca consigo fazer nada certo" ou "Eu não sou boa o suficiente." Quando você perceber que ela está pensando assim, incentive-a a mudar o discurso. Pergunte: "O que você diria para uma amiga que estivesse se sentindo assim?" Muitas vezes, ela será mais gentil com os outros do que consigo mesma. Ensine-a a aplicar essa mesma compaixão ao seu próprio coração.

Outro elemento fundamental é ajudá-la a entender que as dificuldades fazem parte da vida e que superá-las é um processo. Explique que ninguém é forte o tempo todo e que é normal sentir medo, tristeza ou frustração. O que importa é como ela escolhe reagir a esses sentimentos. Mostre que cada desafio enfrentado, por menor que pareça, está construindo uma base de força e resiliência que a tornará mais preparada para o futuro.

Incentive-a a estabelecer pequenos objetivos para recuperar a confiança em si mesma. Se ela estiver desmotivada, ajude-a a dar um passo de cada vez, como completar uma tarefa simples ou enfrentar um pequeno desafio. Celebre cada conquista e mostre que ela está progredindo, mesmo que o caminho pareça lento. Isso a ajuda a perceber que, com determinação, é possível superar qualquer obstáculo.

Por fim, lembre-a de que a verdadeira força vem de Deus. Quando ela se sente fraca ou incapaz, mostre que pode buscar consolo e força na fé. Reforce que ela não precisa carregar os pesos da vida sozinha e que, com Deus ao lado dela, há esperança e força suficientes para enfrentar qualquer situação. Versículos como Filipenses 4:13, que diz “Tudo posso naquele que me fortalece,” são lembretes poderosos de que ela é mais forte do que imagina.

Ajudar sua filha a acreditar na força que vem de dentro não é apenas sobre encorajá-la nos momentos difíceis, mas sobre mostrar que, mesmo quando o mundo diz o contrário, ela é capaz de resistir, crescer e florescer. Com o seu apoio e amor incondicional, ela aprenderá a enfrentar os desafios com coragem e confiança, sabendo que tem tudo o que precisa para vencer.

CAPÍTULO 10

PREPARANDO ELAS PARA O FUTURO

O futuro é um território desconhecido e, para sua filha, pode ser ao mesmo tempo empolgante e assustador. Ela está entrando em uma fase da vida onde decisões importantes começarão a ser feitas – sobre carreira, relacionamentos, sonhos e, acima de tudo, quem ela quer se tornar. Como pai ou mãe, seu papel é ajudá-la a navegar por essas incertezas, oferecendo não apenas conselhos, mas também ferramentas que a capacitem a construir um futuro alinhado aos seus valores e ao propósito que Deus tem para ela.

Preparar sua filha para o futuro não significa ter todas as respostas ou definir o caminho que ela deve seguir. Trata-se de ensiná-la a fazer escolhas com sabedoria, a lidar com os imprevistos e a enfrentar desafios com coragem e fé. É sobre mostrar que, embora o mundo mude constantemente, alguns princípios – como integridade, resiliência e confiança em Deus – permanecem como guias firmes.

Neste capítulo, vamos explorar como você pode ajudá-la a sonhar grande, sem perder de vista a realidade, e a desenvolver habilidades práticas e emocionais que a sustentarão ao longo da vida. Mais do que isso, vamos falar sobre como reforçar a confiança dela em si mesma e no plano divino, para que ela possa encarar o futuro não com medo, mas com esperança e determinação.

Decisões de hoje, impacto de amanhã

As escolhas que fazemos hoje moldam o que seremos amanhã. Para sua filha, isso pode ser difícil de compreender, especialmente porque a adolescência é uma fase onde o "aqui e agora" muitas vezes parece mais importante do que o futuro. Ela pode achar que certas decisões não terão grandes consequências ou que sempre haverá tempo para corrigir os erros. Mas a verdade é que cada escolha, por menor que pareça, tem o poder de influenciar o caminho que ela seguirá. Ensinar isso com sabedoria e paciência é uma das melhores formas de prepará-la para o futuro.

O primeiro passo é ajudá-la a entender que toda decisão carrega consigo uma responsabilidade. Isso não significa assustá-la ou torná-la excessivamente cautelosa, mas mostrar que pensar antes de agir é uma habilidade essencial. Pergunte: "Como você acha que essa decisão pode te afetar amanhã?" ou "Essa escolha está alinhada com o que você quer para o seu futuro?" Essas perguntas incentivam a reflexão e mostram que as ações de hoje são como sementes que ela está plantando, e que o tipo de colheita dependerá do que foi semeado.

Outro ponto importante é ajudá-la a identificar o que é realmente importante para ela. Muitas adolescentes se deixam influenciar por pressões externas – sejam amigos, redes sociais ou até mesmo expectativas não verbalizadas de pais e professores. Reforce que ela tem o direito de traçar seu próprio caminho e que as melhores decisões são aquelas que refletem seus valores, sonhos e convicções. Diga: "Você não precisa seguir o que todo mundo está fazendo. O que importa é o que faz sentido para você."

Ao mesmo tempo, é importante ensiná-la a considerar as consequências de suas escolhas. Explique que decisões impulsivas ou baseadas apenas no momento podem ter impactos duradouros. Use exemplos práticos para ilustrar isso – como a importância de cuidar da saúde física, emocional e espiritual desde cedo, ou como escolhas aparentemente pequenas, como o uso do tempo e das amizades, podem moldar quem ela será no futuro.

Também é crucial mostrar que errar faz parte do aprendizado. Se sua filha tomou uma decisão que não trouxe os resultados esperados, evite culpá-la ou criticá-la excessivamente. Em vez disso, pergunte: "O que você acha que pode aprender com isso?" ou "O que você faria de forma diferente na próxima vez?" Isso a ajuda a entender que os erros não são o fim do caminho, mas uma oportunidade de crescimento.

Incentive-a também a pensar em seus objetivos de longo prazo. Pergunte sobre os sonhos dela e ajude-a a traçar um caminho para alcançá-los. Diga: "Se esse é o seu objetivo, quais passos você pode dar agora para chegar lá?" Isso a ajuda a conectar as escolhas do presente com os resultados futuros, reforçando a ideia de que cada decisão, por menor que pareça, faz parte de algo maior.

Por fim, ensine-a a buscar orientação divina em suas escolhas. Explique que nem sempre ela terá todas as respostas, mas que Deus está sempre disposto a guiá-la. Incentive-a a orar e buscar sabedoria na Palavra antes de tomar decisões importantes. Mostre que, ao confiar em Deus, ela não apenas encontra direção, mas também paz para enfrentar as incertezas do futuro.

Ajudar sua filha a entender o impacto de suas decisões hoje não significa torná-la ansiosa ou obcecada pelo futuro, mas capacitá-la a fazer escolhas conscientes e alinhadas com seus valores. E, com o seu apoio, ela aprenderá que o futuro não é algo a temer, mas uma oportunidade de construir uma vida plena e significativa.

Vocação, carreira e chamado

Durante a adolescência, é natural que sua filha comece a se questionar sobre o que quer fazer da vida. "Qual é a minha vocação?", "Em que carreira devo investir?" ou "Será que isso tem a ver com o que Deus planejou para mim?" Essas são perguntas profundas e, muitas vezes, assustadoras. A pressão para tomar decisões a respeito do futuro pode ser esmagadora, especialmente quando ela sente que precisa acertar de primeira ou que suas escolhas determinarão todo o curso da vida. Como pai ou mãe, você pode ajudá-la a equilibrar essas questões, mostrando que a jornada de descobrir vocação, carreira e chamado é gradual e cheia de oportunidades de aprendizado.

O primeiro ponto a ser reforçado é que vocação e carreira não são a mesma coisa. Muitas adolescentes confundem essas duas ideias, achando que a profissão que escolherem será a única forma de cumprir seu propósito na vida. Ajude-a a entender que a vocação é maior do que a carreira – é sobre o chamado único que Deus colocou na vida dela, algo que reflete quem ela é, seus dons e o impacto que pode ter no mundo. Já a carreira é apenas uma das formas de viver essa vocação.

Incentive sua filha a explorar seus interesses e habilidades. Pergunte: "O que você gosta de fazer?", "Quais coisas fazem você se sentir realizada?" ou "Em que momentos você sente que está contribuindo com algo importante?" Essas reflexões a ajudam a identificar áreas onde seus talentos naturais e paixões podem se unir. Lembre-a de que, mesmo que ela ainda não tenha todas as respostas, cada pequena descoberta é um passo em direção a algo maior.

Ajude-a também a perceber que o chamado de Deus nem sempre se revela de forma imediata ou clara. Explique que a vida é uma jornada onde o propósito muitas vezes se torna evidente à medida que caminhamos. Compartilhe histórias de pessoas que começaram em uma direção e, com o tempo, descobriram novas formas de usar seus dons. Mostre que Deus trabalha em cada etapa da vida dela, usando todas as experiências – boas e difíceis – para moldar seu futuro.

Além disso, reforce que não existe uma escolha única e perfeita. Muitas adolescentes sentem que precisam "acertar" de primeira, mas a verdade é que a vida está cheia de oportunidades para crescer, aprender e até mudar de direção. Explique que Deus pode usar diferentes caminhos para cumprir o propósito dele na vida dela, e que o mais importante é confiar e seguir com fidelidade.

Se sua filha estiver se sentindo pressionada por expectativas externas – como a escolha de uma profissão que agrade a família ou que garanta status – ajude-a a se conectar com o que realmente importa para ela. Diga: "O que você acha que Deus está colocando no seu coração?" ou "De que forma você pode usar seus dons para servir e fazer a diferença?" Essas perguntas a ajudam a alinhar suas decisões com seus valores e seu chamado.

Também é essencial dar a ela ferramentas práticas para explorar suas opções. Incentive-a a pesquisar sobre diferentes carreiras, conversar com pessoas que trabalham em áreas de interesse ou até mesmo participar de experiências que possam ajudá-la a se decidir, como projetos voluntários ou estágios. Mostre que descobrir sua vocação e carreira é um processo ativo e que, com paciência, as respostas começarão a surgir.

Por fim, lembre-a de que, independentemente da carreira que escolha, o verdadeiro chamado de Deus está em viver uma vida que reflita o amor e os valores dele. Diga que, seja qual for o caminho que ela seguir, pode usar seus dons para glorificar a Deus e abençoar outras pessoas. Versículos como Colossenses 3:23 – "Tudo o que fizerem, façam de todo o coração, como para o Senhor" – são lembretes poderosos de que cada trabalho, por mais simples que pareça, tem um propósito maior.

Ajudar sua filha a encontrar sua vocação, carreira e chamado é mais do que guiá-la em uma escolha profissional; é encorajá-la a descobrir quem Deus a criou para ser. Com o seu apoio, ela aprenderá que o futuro não é uma corrida para acertar, mas uma jornada cheia de oportunidades para viver com propósito e paixão.

Independência com responsabilidade

A transição para a vida adulta é marcada por um desejo crescente de independência, e isso é algo natural e saudável. Sua filha, aos poucos, começa a querer tomar suas próprias decisões, explorar o mundo por conta própria e construir uma identidade separada da família. No entanto, com a independência vem a responsabilidade – e equilibrar esses dois aspectos é uma das lições mais importantes que você pode ensinar enquanto a prepara para o futuro.

Muitas adolescentes associam independência à liberdade de fazer o que quiserem, mas poucas compreendem que verdadeira independência envolve responsabilidade por suas escolhas e ações. Como pai ou mãe, o seu papel é mostrar que autonomia não significa ausência de limites, mas sim a capacidade de tomar decisões conscientes e lidar com as consequências, sejam elas boas ou ruins.

O primeiro passo para ajudá-la a desenvolver essa independência responsável é permitir que ela tome decisões no dia a dia, dentro de um ambiente seguro. Dê a ela oportunidades para escolher, por exemplo, como organizar sua rotina, administrar uma mesada ou planejar uma atividade com amigos. Essas experiências, por menores que pareçam, ensinam que cada escolha exige reflexão e que a liberdade vem acompanhada de deveres.

Também é importante ensinar sua filha a priorizar e gerenciar seu tempo. À medida que ela assume mais responsabilidades – como estudos, compromissos sociais e tarefas em casa –, pode ser fácil se sentir sobrecarregada ou desorganizada. Mostre que a independência não é apenas sobre "fazer tudo sozinha", mas sobre aprender a equilibrar diferentes áreas da vida de forma eficiente. Incentive-a a usar ferramentas como listas de tarefas ou calendários para manter o controle sobre suas responsabilidades.

Outra lição essencial é ensiná-la a lidar com as consequências de suas escolhas. Se ela tomar uma decisão que não deu certo, evite resgatá-la imediatamente ou minimizar a situação. Em vez disso, use o momento como uma oportunidade de aprendizado. Pergunte: "O que você acha que poderia ter feito diferente?" ou "Como você pode evitar isso no futuro?" Isso a ajuda a desenvolver resiliência e a compreender que cada erro é uma chance de crescimento.

Ensinar independência também envolve conversar sobre questões práticas da vida adulta, como finanças pessoais. Explique conceitos básicos, como orçamento, economia e o valor do trabalho. Se ela recebe mesada ou tem outra fonte de dinheiro, incentive-a a usá-lo com sabedoria, mostrando a importância de poupar e planejar. Quando ela aprende a administrar seus recursos desde cedo, ganha uma habilidade essencial para o futuro.

Além disso, reforce que independência não significa abandonar os princípios e valores que ela aprendeu em casa. Explique que, mesmo quando estiver tomando decisões sozinha, pode e deve usar os ensinamentos que recebeu como guia. Diga: "A verdadeira força da independência está em saber quem você é e no que acredita, mesmo quando ninguém está olhando." Essa mensagem reforça a ideia de que ela pode ser autônoma sem abrir mão de sua identidade e integridade.

Outro aspecto importante é lembrá-la de que independência não significa solidão. Ensine-a a buscar conselhos e ajuda quando necessário, seja com a família, amigos ou mentores. Diga que pedir apoio não é sinal de fraqueza, mas uma demonstração de maturidade e sabedoria. Isso a ajuda a entender que, mesmo sendo independente, ainda pode contar com uma rede de apoio em momentos de necessidade.

Por fim, mostre à sua filha que a independência responsável é um processo contínuo. Ela não precisa saber tudo ou ser perfeita desde o início. O que importa é que esteja disposta a aprender, a crescer com os desafios e a assumir suas escolhas com coragem e honestidade. Reforce que você está ao lado dela, não para controlar, mas para apoiá-la enquanto ela descobre o equilíbrio entre liberdade e responsabilidade.

Ao ensinar sua filha a ser independente com responsabilidade, você está ajudando-a a construir uma base sólida para o futuro. E, com o tempo, ela perceberá que a verdadeira independência não é sobre fazer tudo sozinha, mas sobre viver com confiança, sabedoria e propósito.

Deixe um legado: mostre quem você é para ela

Mais do que palavras, o que realmente marca a vida de sua filha é o exemplo que você deixa. Cada atitude, cada decisão e cada valor que você demonstra no dia a dia se tornam parte do legado que ela carregará para o futuro. Mesmo que ela nem sempre demonstre ou diga, sua filha observa quem você é – como reage aos desafios, como trata as pessoas, como enfrenta as dificuldades e, principalmente, como vive sua fé. Mostrar quem você é de forma autêntica é uma das maiores heranças que você pode deixar.

Deixar um legado não significa ser perfeito, mas ser real. Sua filha não precisa de um pai ou mãe que nunca erra, mas de alguém que sabe reconhecer suas falhas, pedir perdão e continuar tentando. Quando você demonstra humildade e honestidade, ensina a ela que a força verdadeira está na capacidade de crescer e aprender, e não na ilusão de perfeição.

Uma das maneiras mais poderosas de deixar um legado é viver de acordo com os valores que você deseja transmitir. Se você quer que sua filha valorize a honestidade, seja honesto em suas palavras e ações. Se deseja que ela seja resiliente, mostre como você supera as adversidades com coragem e fé. Essas lições práticas têm um impacto muito maior do que qualquer discurso.

Além disso, abra espaço para compartilhar sua história com ela. Fale sobre os desafios que você enfrentou, os erros que cometeu e as lições que aprendeu ao longo do caminho. Mostre como Deus esteve presente em sua vida, guiando e transformando você. Ao ouvir sua jornada, sua filha não apenas aprende com sua experiência, mas também percebe que não está sozinha em suas próprias lutas.

Outro ponto importante é demonstrar amor incondicional. Sua filha precisa saber que, independentemente do que ela faça ou do caminho que escolha, você estará sempre ao lado dela. Esse amor inabalável cria uma base de segurança emocional que a prepara para enfrentar os desafios do futuro com confiança. Mais do que isso, ele reflete o amor de Deus, mostrando que ela é amada e aceita por quem é, e não pelo que faz.

Também é essencial criar momentos significativos juntos. Em meio à correria da vida, as memórias de tempos compartilhados – como uma conversa ao pôr do sol, um jantar em família ou uma viagem especial – se tornam lembranças que ela levará para sempre. Esses momentos não apenas fortalecem o vínculo entre vocês, mas também mostram que você valoriza a presença dela em sua vida.

Deixar um legado também envolve ensinar valores que vão além do presente. Ensine sua filha a viver com propósito, a servir aos outros e a confiar em Deus em todas as circunstâncias. Diga que o sucesso verdadeiro não está no que ela conquista, mas em quem ela se torna. Reforce que, acima de tudo, o que realmente importa é viver uma vida que honra a Deus e abençoa as pessoas ao redor.

Por fim, lembre-se de que o maior legado que você pode deixar é a fé. Mostre que sua vida é guiada por ela, que suas decisões refletem sua confiança em Deus e que, mesmo nos momentos difíceis, você se apoia nele. Ore com ela, leia a Palavra e demonstre como sua relação com Deus transforma quem você é. Isso não apenas inspira sua filha, mas também planta sementes de fé em seu coração, que crescerão e darão frutos ao longo da vida.

Ao mostrar quem você é, você está moldando o futuro da sua filha de maneiras que vão muito além do presente. Com o seu exemplo, ela aprenderá não apenas a enfrentar a vida com sabedoria e coragem, mas também a viver com propósito e integridade. Esse é o tipo de legado que nenhuma circunstância pode apagar, e que a acompanhará para sempre.

CONCLUSÃO

Chegamos ao fim deste livro, mas a jornada de educar meninas continua – e, sem dúvida, é uma das mais belas e desafiadoras missões que alguém pode ter. Espero que, ao longo dessas páginas, você tenha encontrado ferramentas, reflexões e, acima de tudo, inspiração para se tornar a base sólida de amor e orientação que sua filha precisa para enfrentar o mundo e descobrir quem ela realmente é.

Educar uma menina não é sobre protegê-la de todos os desafios, mas ensiná-la a enfrentá-los com coragem, valores e a certeza de que, independente do que aconteça, ela tem em você um porto seguro. Este é um trabalho diário, feito de pequenas ações, palavras e exemplos que, aos poucos, moldam sua visão de si mesma e do mundo ao seu redor.

Lembre-se de que não existe perfeição no papel de pai ou mãe, mas existe a graça de aprender junto com ela, de errar, acertar e continuar caminhando lado a lado. Não subestime o impacto que sua presença constante, suas palavras encorajadoras e seu amor incondicional têm na vida dela. Mesmo quando ela parecer distante ou não demonstrar, saiba que cada gesto de cuidado e cada valor que você planta em seu coração criarão raízes profundas que a acompanharão por toda a vida.

Por fim, nunca se esqueça de que educar uma menina é também confiar no plano perfeito de Deus para a vida dela. Continue orando, guiando e mostrando o caminho com sua própria vida. A cada passo que você der, lembre-se de que está deixando um legado de fé, amor e força que fará toda a diferença não só para ela, mas para as gerações que virão.

Então, levante a cabeça, inspire-se e continue sendo a luz que guia sua filha em meio às incertezas e desafios da vida. E que, ao longo dessa caminhada, você também descubra novas formas de crescer, aprender e se transformar. Afinal, educar meninas é, acima de tudo, um ato de amor – um amor que molda o presente e transforma o futuro.